抖音营销实战指南

陈迎 ◎ 著

机械工业出版社
CHINA MACHINE PRESS

本书是一本指导读者运营抖音，使之保持活跃并持续产生价值的工具书。书中的内容是作者经过对上千个抖音账号以及上百个成功的抖音营销案例的研究，总结实战推广的精华而得到的，其中的思维、方法、技巧简单而实用，适合想做抖音营销的企业或个人阅读。

图书在版编目（CIP）数据

抖音营销实战指南 / 陈迎著 . —北京：机械工业出版社，2019.4（2021.5重印）
ISBN 978-7-111-62667-1

Ⅰ.①抖… Ⅱ.①陈… Ⅲ.①网络营销 – 指南 Ⅳ.① F713.365.2-62

中国版本图书馆 CIP 数据核字（2019）第 083816 号

机械工业出版社（北京市百万庄大街 22 号　邮政编码 100037）
策划编辑：胡嘉兴　戴思杨　　责任编辑：戴思杨
责任校对：李　伟　　　　　　责任印制：孙　炜
保定市中画美凯印刷有限公司印刷
2021 年 5 月第 1 版第 6 次印刷
170mm×242mm・16.25 印张・2 插页・183 千字
标准书号：ISBN 978-7-111-62667-1
定价：59.00 元

凡购本书，如有缺页、倒页、脱页，由本社发行部调换
电话服务　　　　　　　　　　网络服务
服务咨询热线：010-88361066　机 工 官 网：www.cmpbook.com
读者购书热线：010-68326294　机 工 官 博：weibo.com/cmp1952
　　　　　　　　　　　　　　　金　书　网：www.golden-book.com
封面无防伪标均为盗版　　　　教育服务网：www.cmpedu.com

特别感谢

顾问监制： 范正勇、郑守明

协创团队： 曹智峰、王晓琳、王东方、罗杰华、小茂

技术指导： 时趣互动种草传媒总经理 邵白白

推荐序

2019年3月,《Fast Company》如期发布了2018年全球最佳创新公司50强,美团点评赫然成为全球榜单第一名,这是《Fast Company》创刊24年来,中国创新公司首次荣登榜首。

时间退回到2017年年中,我去美国总部述职,与时任全球版主编Robert Safian沟通时,我问他:中国目前在许多领域,尤其是在新一代信息技术的发展与应用方面已经走在世界前列,为何我们的封面人物却迟迟没有中国的企业家出现?

Robert耐心地做了一番解释,但印象最深的一句话却是:"He is not our hero(他不是我们的英雄)"。诚然,在中国做得很好,未必意味着唱响全球;或许目前众多的中国"独角兽"创新公司,放在国际竞争范畴中,依然只能算作一个区域性(国度)的企业。而今年,全球榜诞生了中国状元,既是意料之外,也是情理之中,这不经意给出一个强烈信号"Chinese Hero is coming!(中国英雄来了!)"

近些年,中国许多新技术应用最广泛的莫过于媒体及金融科技领域。做了十几年的媒体人,我现在完全无法用"资深"二字来给自己贴标签,因为在一定程度上,"资深"意味着落伍,跟不上变化的脚步。

中国的传媒行业,已先于全球产生了巨变。从最初的纸媒、广播、电视,到网络媒体及移动终端App,无不在以令人咋舌的速度进行快速迭代。从新浪微博

RECOMMENDATION 推荐序

的微笑曲线，到微信的"一家独大"，再到当下今日头条的快速崛起，任何人都无法去准确预测下一个风口产品在哪。原本抖音团队成立的初衷，仅是想开发一个图文内容延展的媒体分发平台，并未有现如今如此"伟大"的愿景。殊不知时势造英雄，短视频的迅速崛起彻底改变了视频行业格局，而抖音摇身一变成了一个独具一格的社交平台，等对手警觉之时，已无法抑制，只能匆忙招架。

抖音的大行其道，不仅让竞争对手焦虑，也令媒体从业者及企业的传播部门劳神"如何快速地打造适合自己的抖音产品和传播策略，玩转抖音的产品指南在哪？"《快公司Fast Company》（《Fast Company》中文版）一直关注抖音的发展及未来应用的裂变场景，我们与抖音相关部门进行过多次沟通，但结论是：抖音作为一款开放式的传播分发平台，关于未来可能的应用和更好的呈现形式，除了现在已有的方式和传播方法，他们自己也只能在摸索中积累。言外之意，抖音是一个开放平台，应用者即是开发者，真正玩转抖音的高手，大隐隐于市！

认识陈迎多年，其缜密的思维及丰富的创意，包括对新兴传播方式和工具的敏感度，一直让我十分欣赏。这本《抖音营销实战指南》，无疑是陈迎对抖音产品深刻的理解和实战运用中总结得出的精华。书中并无太多华丽的辞藻与生涩的专业术语，多用平实的语言、系统的逻辑及一个个生动的案例，列举如何利用抖音玩转营销，干货满满。

这不是抖音的官方使用指南，但我相信这一定是你当下了解和掌握抖音营销的"知网"。

《Fast Company》中文版 CEO 卢初阳

2019年3月

前 言
PREFACE

2019年春晚的舞台上,快手、抖音等短视频平台纷纷"登台亮相",推出"新年主题"的相关活动,成为当时一大亮点。在微博上,除夕当天与春晚相关的短视频播放量也达到了16.9亿次。现在,很多人都会用手机镜头录制新春的祝福,并以短视频的形式将祝福发给自己的亲朋好友。

截至2019年1月,抖音平台国内日活跃用户量突破2.5亿,这意味着短视频正慢慢地融入我们的生活,像网络时代的其他产品:论坛BBS、QQ、微博、微信一样,记录着我们生活里的喜怒哀乐、悲欢离合。

在这个网络产品和流量聚焦换代的过程中,我们看到很多品牌方和自媒体人也纷纷转战短视频平台,开始入驻抖音并运营抖音号;与此同时,大多数人停止更新"双微"(微博/微信),想要在更具用户黏性的短视频平台(如抖音)上做营销的趋势也越来越盛,过去聚集人气的社交平台——微博成了企业"官宣"阵地,微信公众号则成为SCRM(Social Customer Relationship Management,社会关系管理)的基地。

但是,市场上大多数人面临的普遍问题是"不懂如何运营抖音"。因为抖音平台和原来的微博/微信平台的玩法完全不一样。很多抖音号的运营者只能摸着石头过河,或者沿用"双微"的玩法。显然,这样做的效果不尽如人意,而且缺乏科学的运作思路,这必然使得运营者在这个阶段要付出很多学习成本。

PREFACE 前言

我此前也在线下书店和网上搜寻过,确实找不到比较合适的图书来学习,虽然有一些介绍短视频的书籍,但大多数都是教导如何制作短视频,而鲜有从全局思路、成功运作经验、品牌运作路径,乃至抖音的营销规则等方面讲述的图书。

面对这种局面,在了解品牌方的具体需求后,我和我的团队专门组织了人手,花时间、花精力,去研究抖音、学习抖音。我们研究了上千个抖音账号、上百个品牌案例,去了解抖音的底层逻辑和终极玩法……希望能从中找到一些成功经验,为短视频营销领域的从业者提供一些入门方法和规则。

这就是本书诞生的背景和写作的初衷。

在完成本书的写作后,我们也在思考这本书的价值是什么?我觉得主要有以下几点:

1. 让大家了解抖音,学会在抖音平台与消费者沟通。

2. 为抖音号运营者提供一套基础的运营方法。

3. 了解抖音上最流行的玩法和拥有可观粉丝量的达人。

4. 学习目前在抖音上备受关注的一些成功案例。

熟悉并掌握这些信息,不仅有利于短视频运营者更好地借鉴成功经验,将有用信息运用到实际运营工作中,提高作品质量和粉丝量,也可以帮助更多想要进行平台合作和抖音营销的品牌或企业,激发灵感,找到需求结合点和突破点,根据具体产品和情况选择合适的抖音玩法,从而实现营销效果最大化或品牌转型等目的。

2019 年,5G 将迎来商用,业界普遍认为,5G 将让移动传播迎来新变革,为短视频内容创作开辟新空间。随着 5G 的研发和逐步商用,短视频行业将迎来一次"内容井喷"。

如何在新的短视频浪潮中把握好方向?希望本书能够成为引领短视频营销的"导航仪"。

最后,感谢您的支持与阅读。

陈迎

目录
CONTENTS

推荐序

前言

第1章 全面解读抖音 // 001

◎ 第1节 抖音是什么？ // 002
　一、抖音介绍 // 002
　二、抖音是怎么火起来的？ // 006
　三、抖音用户分析 // 009

◎ 第2节 抖音热度有多高？ // 010
　一、抖音用户增长迅猛，黏性强 // 010
　二、短视频App竞争态势："南抖音、北快手"已成定局 // 013
　三、与其他社交平台的连通传播 // 016
　四、什么样的内容更受抖音用户喜欢？ // 016

◎ 第3节 抖音玩什么？ // 018
　一、抖音流行的7种玩法 // 018
　二、抖音流行的20个场景 // 023
　三、抖音常用的4类道具 // 039

第2章 抖音营销怎么植入 // 045

◎ 第1节 抖音短视频独特的营销价值 // 046
　一、锁定圈层，精准传播 // 046
　二、场景营销，融入情感 // 048
　三、音画结合，用户生产内容 // 050
　四、现实感强，利于扩散 // 052

◎第 2 节　抖音的推荐机制是什么？// 053
◎第 3 节　抖音的传播路径是什么？// 058
◎第 4 节　抖音营销的八种玩法 // 060
　玩法一：聚焦产品，功能展示 // 061
　玩法二：玩转周边，惊喜增值 // 062
　玩法三：放大优势，夸张展现 // 063
　玩法四：跨界延伸，增加创意 // 064
　玩法五：口碑展示，营造氛围 // 066
　玩法六：日常曝光，传播文化 // 066
　玩法七：融入场景，巧妙植入 // 068
　玩法八：官方玩法，投入预算 // 069

◎第 5 节　什么样的产品适合在抖音做营销？// 069
　一、可塑性强，可 DIY // 070
　二、具备话题性 // 071
　三、具有创意趣味性 // 073
　四、具有实用性 // 074
　五、具有仪式感 // 075

◎第 6 节　抖音营销植入怎么做？// 076
　一、开屏广告 // 076
　二、原生信息流广告 // 078
　三、品牌主官方账号运营 // 079
　四、创意贴纸 // 080
　五、与抖音达人合作 // 081
　六、发起抖音挑战赛 // 082
　七、抖音嘉年华 // 084

◎第 7 节　怎么评估抖音营销效果？// 086
　一、开屏广告重点关注点击率 // 086
　二、原生信息流广告关注互动性 // 086
　三、官方账号运营应整体分析 // 086
　四、创意贴纸：生成内容是关键 // 087
　五、与抖音达人合作：点赞与评论是评价重点 // 087
　六、抖音挑战赛：整体评估是关键 // 087
　七、抖音嘉年华：活动宣传效果是重点 // 088

第3章 品牌商怎么玩转抖音？// 089

◎第1节 品牌商怎么迈出抖音营销第一步？// 090
　一、"蓝V认证"是什么？有什么意义？// 090
　二、如何申请抖音"蓝V认证"？// 092
　三、申请"蓝V认证"需要具备哪些资质？// 094
　四、认证申请流程需要多久，认证的有效期是多久？// 094
　五、抖音账号与今日头条账号间的联系是什么？// 095
　六、企业"蓝V高级认证"怎么申请？// 096

◎第2节 抖音品牌号如何运营？// 096
　一、抖音品牌号的运营思路 // 096
　二、蓝V定位，具有强互动属性 // 098
　三、品牌号运营团队搭建 // 103
　四、品牌号内容持续产出 // 105
　五、内容维护与动态调整 // 109

◎第3节 什么样的品牌适合在抖音营销？// 111
　一、抖音用户分布情况 // 111
　二、已入驻抖音的品牌 // 112
　三、什么样的品牌适合入驻？// 113

◎第4节 品牌如何在抖音进行营销？// 114
　一、发起挑战赛 // 114
　二、增加曝光率 // 115
　三、打造人格化"段子手" // 116
　四、TVC // 117
　五、主题型 // 118

◎第5节 抖音官号能多"6"？// 119
　一、6家最强官号分析 // 119
　二、最强官号带来的启示 // 129

第4章 抖音爆品是怎样炼成的？// 131

◎第1节　抖音内容怎么打造才能火？// 132
　　一、什么时间段发内容比较好 // 132
　　二、什么样的内容易于在抖音传播 // 133
　　三、突破1 000个点赞量很关键 // 133
　　四、抖音短视频怎么引发二次传播 // 134
　　五、如何利用抖音从外部引流？// 139

◎第2节　抖音的爆款产品有哪些？// 140
　　一、抖音真的有"带货力"吗？// 140
　　二、抖音爆红货品特点分析 // 141
　　三、30款抖音爆红货品收录 // 143

◎第3节　抖音网红店"红"在哪？// 146
　　一、美食DIY，亲测秘制配方 // 147
　　二、奇趣玩法，不止于吃 // 152
　　三、特色美食，慕名而来 // 160
　　四、网红景点，出游必去 // 164

第5章 如何打造抖音大号？// 171

◎第1节　精准定位：找准核心价值 // 172
　　一、有人性：建立与用户的情感联系 // 172
　　二、有个性："确认过眼神，我遇上对的人" // 172
　　三、有共性：没有主题的内容是散沙 // 174

◎第2节　内容为王："抖"也是一门艺术 // 175
　　一、善用剪辑与抖音特效 // 175
　　二、干货满满，引发用户模仿自发传播 // 176
　　三、创意取胜，以源源不断的创意吸引用户 // 177
　　四、打造视频的故事效果，让用户身临其境 // 178
　　五、实时热点，有态度地"蹭"能事半功倍 // 178

CONTENTS 目录

◎第3节 运营维护：没有吃老本就能长久的"生意" // 178
　　一、互动：呼应需求，引导反馈 // 178
　　二、维护：粉丝导流，内容把控 // 181
◎第4节 抖音大号资源去哪儿找？ // 183
　　一、抖音大号资源获取渠道 // 183
　　二、抖音大号资源分类 // 184

附录 Chapter　抖音营销的成功案例 // 187

一、寺库 × 抖音"给你全世界的美好" // 188
二、必胜客 × 抖音"DOU 黑大挑战" // 195
三、摩拜 × 抖音"全球首款嘻哈音乐共享单车" // 200
四、三星 × 抖音"我都是焦点" // 209
五、《这！就是街舞》× 抖音"爱抖爱尬舞" // 216
六、烈火如歌手游 × 抖音"迪丽热巴躲猫猫" // 221
七、荣耀 × 抖音"校园新唱将" // 225
八、好莱客 × 抖音"原态 Style" // 233
九、OLAY × 抖音"打造全民健面神器" // 238
十、欧莱雅 × 抖音"眼球时代'种草'新思路" // 241
十一、美赞臣 × 抖音"精准洞察打造 36 亿流量" // 243

第1章

全面解读抖音

第1节 抖音是什么？

一、抖音介绍

抖音是一款音乐创意短视频社交软件，也是一个专为年轻人打造的音乐短视频社区。用户可以用这款软件选择歌曲，拍摄音乐短视频，完成自己的作品。

上线时间：2016年9月。

广告语：记录美好生活。

定位：年轻时尚的音乐短视频社区，"魔性"形式、畅快表达。

关键词：年轻、魔性、新潮、技术、社交。

抖音是主打音乐短视频的App，是一个相对精致的短视频产品，产品提供了具有特色的配乐，以及辅助的小工具，让用户不断地生产有趣、好玩且时长较短的视频内容。

在不到两年的时间里，抖音"横扫"了市场上除快手外的所有短视频软件，用户市场达到亿级规模，成为继快手后国内互联网社交视频平台的"航母级"

新贵。从抖音的百度指数来看，自 2018 年 3 月开始，抖音逐渐成了各大媒体关注和讨论的焦点，其成为短视频"霸主"的苗头已隐约可见。

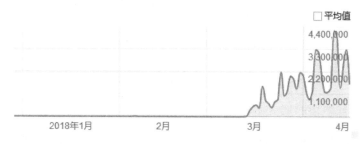

2018 年 6 月 12 日，抖音首次公布用户数据，其国内日活数（日活跃用户数）超 1.5 亿，月活数（月活跃用户数）超 3 亿。从月活数方面来看，抖音已经接近元老级社交产品 QQ 的一半。

在抖音上，用户可以拍摄 15 秒短视频，挑选合适的背景歌曲，对视频的每个片段进行特效加工，最终形成个人短视频作品并上传发布。在一年多的时间里，抖音经历了打磨产品、优化产品性能和体验、初步寻求市场和占领市场的过程，完成了蛰伏期与爆发期之间的完美过渡，完成了从视频供给到用户自产内容的过程。如今，原创视频为抖音平台带来了庞大的信息流。

抖音营销实战指南

抖音官方的广告语在2018年3月进行了更改，从"让崇拜从这里开始"改为"记录美好生活"，虽然与快手有相似之嫌，但也明确地体现了与快手的区别。全新口号——"记录美好生活"，精准展示了抖音的核心竞争力。第一，音乐主打。升级后的抖音，产品的发展趋势更加偏向"专注新生代的音乐短视频社区"。第二，培养关键意见领袖（Key Opinion Leader，KOL）。与快手"放任自由"，人人皆主播的形式不同，抖音采用定制音乐和话题挑战的手段打造主题KOL。第三，鼓励创作。简洁易上手的操作、KOL的带头示范、几乎为零的学习成本，使得每一个普通用户只需要简单模仿就可以在抖音上打造属于自己的短视频。

抖音对年轻用户的聚集效应让众多互联网产品猝不及防，追求潮流和新鲜的年轻人或因身边好友的推荐，或因对新一波潮流的好奇而进驻抖音。上亿年轻用户在抖音上开拓着社交的新天地，待其他营销人士反应过来时，年轻人已在抖音平台完成了众多百万级的传播案例，打造了数十个粉丝百万级、甚至千万级的大号。

抖音带来的流量让众多明星、商家甚至个人开始了对抖音营销的研究，无论是研究传播机制，还是研究如何打造抖音"大V"，抖音无疑已成为新一代商机的集中地。可以说，掌握了抖音，就等于掌握了庞大的年轻消费群体，这样的营销风口，怎能不好好抓住？

快速切入商业化：抖音吹响短视频平台电商营销号角

2018年3月26日，抖音上开始大量出现淘宝卖货界面的链接，多个抖音大号的主页出现"TA的推广商品"按钮，点击后出现该抖音号的推荐商标列表,点击相应的推荐商品图片就可链接到淘宝,之后用户可以直接购买商品,过程较为流畅,体验良好。

"抖音+电商购物车"这一内测行为,不仅意味着抖音流量的电商通道已经打开,更意味着抖音的商业化计划正在逐步浮出水面。

目前,电商只是抖音快速切入商业化的一个入口,通过抖音达人的流量来进行转化购买,而抖音的营销价值绝不仅限于此。无论是层出不穷的网红产品还是抖音同款产品,抖音展现的是与大家熟知的明星效应不同的东西,那就是"人人皆网红,人人可尝试"。每个产品都有可能通过出其不意的方式"走红",且用户也习惯了参与其中进行二次传播。这样自然的、低成本的带货能力,是多少线下品牌费尽心思想要达到的效果。而在抖音,这种营销方式具有非常大的可操作性。

打开二级入口的背后,是无数电商集聚,新平台、新结构涌现的预兆。电商只是乘上抖音快艇的首批乘客,平台、资源、渠道乃至未知的一切陆续到来,将会一同构建抖音商业帝国的高楼大厦。

电商购物车的出现，意味着抖音将成为众多品牌商市场营销的必争之地。掌握了抖音，品牌商就等于开辟了一个能带来巨大流量、资源、渠道的营销新阵地。

这也意味着，抖音营销的狂欢时代已经到来。

二、抖音是怎么火起来的？

我们来回顾一下，抖音是怎么一步一步火起来的。

1. 冷启动阶段——明星助力，进入大众视野

2017年3月13日，岳云鹏截取了抖音上某位红人的视频截图，发了一个带着抖音App标识的微博。随后，众多明星也纷纷上传了自己的抖音视频。抖音利用明星效应，在短时间内获得了大量曝光。

2. 正面开战——TVC全线曝光

2017年6月1日，抖音广告TVC上线，整个广告片完全用抖音的短视频拍摄手法完成，类似变装、卡节奏、变场景、晃动镜头这样的拍摄技巧，抖音都可以做到。同时，抖音将这则广告主要投放在与目标群体高度重合的电影院，在全国210个城市院线同时上映。

3. 明星效应——引爆粉丝流量

抖音推出了一系列H5互动小游戏，比如明星魔性H5——"找呀找呀找爱豆"，同样是利用了明星效应，让用户寻找哪个"明星"不是明星本人。这个H5一推出，便吸引大量粉丝前来认领自己的"爱豆"。

4. 社会化手段——扩散影响力

1 让世界名画"抖"起来的H5。为了让更多人抖起来,抖音邀请了一波名画中的经典人物来抖音"搞事情"。抖音中有不同的视频玩法,用户可以让这些名画"穿越"到当下,像真人一样使用这个App。

2 抖音"不嗨心治愈所"H5。这个玩法很简单,用户只需要上传自己的头像,或者手绘一个头像,就可以让自己跟随音乐抖起来了。

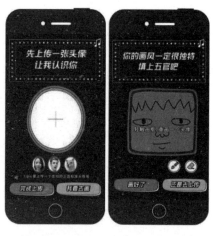

5. 运营加持——热点引流

此后,抖音逐步加大运营的力度,赞助热门综艺节目,比如《快乐大本营》《天天向上》《中国有嘻哈》等,半年内用户量增长了 10 倍以上。

6. 春节巅峰——用户激增

2018 年春节期间,抖音联合 12 位明星从 2 月 13 日开始,于每个整点向用户发放红包。在明星效应的带动下,抖音在各大应用商场的下载量排名开始逐步占据前列。除了站内的红包攻略,站外的推广同样也加大了力度,据了解,今日头条春节期间在各大渠道的投放预算为每天300万~400万元。

在站内站外如此疯狂的营销推广下,抖音在春节期间火爆全国。根据QuestMobile 的数据,春节期间抖音日活跃用户量(Daily Active User,DAU)增长了近3 000 万,最高达到了6 646 万。

三、抖音用户分析

1. 用户画像:24 岁以下,女性用户居多

抖音用户在性别分布上以女性偏多,年龄分布以24 岁以下年轻用户为主。另外,在城际分布上,抖音在一、二线城市的渗透率较高。

2. 用户需求

① 自我表达的需要。随着社会的进步,人们对于自我表达越发的大胆,追求标新立异。短视频的出现很好地满足了这部分人群的需求。短视频拍摄操

作简单、表现形式更为直观且具有冲击力，比其他图文形式更能展现生动丰富的内容。

②　成本低，效果好。由于科技的进步，智能手机的普及和发展使得人们不必依赖专业摄像机就能轻松制作拥有高清晰度的小视频。成本低、操作简单、反响好等特点也让人们愿意将自己的作品发到网上与他人分享。

③　用户使用场景。生活在快节奏的现代社会，很多时候人们的精神都处于紧绷的状态，需要得到有效缓解。短视频能充分利用用户的碎片时间，适用于多种生活场景，如家里、公司、电梯、公交、餐厅等，可以随时让人们得到放松。

第 2 节　抖音热度有多高？

一、抖音用户增长迅猛，黏性强

抖音作为短视频行业中的后起之秀，自 2016 年 9 月上线到 2018 年 3 月，仅 500 多天的时间，月活跃用户量增长至 1.23 亿，日活跃用户量超 6 200 万，日均播放量超 30 亿次，成为仅次于快手的国内第二大短视频平台，"南抖音、北快手"的格局迅速形成。

自 2017 年 12 月起，抖音凭借惊人的用户增速与 App 下载量，迅速锁定了 App Store 摄影与录像类应用第一名及免费总榜第二名。目前抖音已经成为 95 后、00 后彰显自我的主战平台，成为年轻、潮流的代名词。

抖音到底有多吸引人？

抖音用户以指数级增长，其充满创意的内容能紧紧地抓住用户，使得新用户纷纷入"坑"，吸引力不容小觑。根据 QuestMobile 2018 年春节期间的统计数据，抖音最高的日活跃用户量曾于 2 月 15 日突破 6 500 万，当周 App 安装用户数超 4 200 万，当月用户数量增长超 4 600 万，增速达 61.12%。

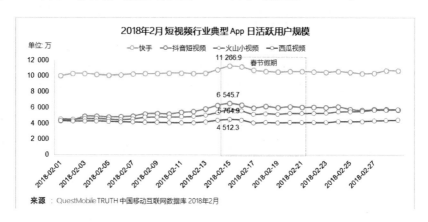

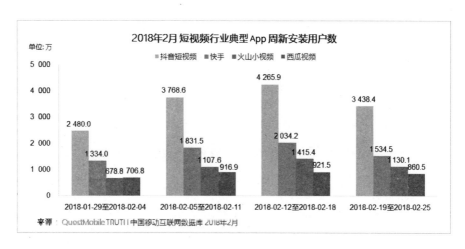

抖音除了对新用户具有很强的吸引力外，对老用户也有很强的黏性。据企鹅智库最新的数据显示，目前抖音的日活跃用户量/月活跃用户量（DAU/MAU）指数已经达到0.45，即抖音的月活用户中，平均每人每月就有13.5天会使用抖音观看短视频。其用户黏性已经可以与高沉浸度的游戏行业相媲美，比如手游《王者荣耀》，2017年9月的DAU/MAU指数也仅为0.3。可以说用户纷纷中"抖音毒"是有根据的。

"三英战快手"——今日头条系短视频围剿快手

观察以上这些数据，不难发现，今日头条系的抖音、火山小视频、西瓜视频对快手已成包围之势。

根据QuestMobile《2018年春节娱乐洞察报告统计》的数据，2018年春节期间，快手的最新日活跃用户量达到1.2亿，而抖音、火山小视频和西瓜视频的日活跃用户量则分别为6 200万、5 300万和4 000万。虽然快手数年累积的群众基础优势明显，但今日头条系的产品来势汹汹，总体日活跃用户量达到了1.5亿，已经有赶超快手之势。三个短视频平台分据各个特色领域，手里牢牢掌握着一大批流量和资源，明显是粮草充足，弹药齐全。除此以外，为了更好地迎战快手，今日头条决定大力扶持抖音，把抖音 2018 年的营销预算提高到 20 亿元。以抖音为先锋的今日头条短视频矩阵已经形成。

二、短视频 App 竞争态势："南抖音、北快手"已成定局

目前短视频行业还处于野蛮生长阶段，短视频 App 数量持续攀升，针对细分化人群的创新应用正逐步出现。易观智库 2018 年 2 月的数据显示，日均活跃用户排名前十的短视频平台分别是：快手、抖音、西瓜视频、火山小视频、快视频、波波视频、好看视频、美拍、土豆视频以及秒拍。

通过前十大短视频平台日活跃用户量的对比，我们不难发现行业中已出现了明显的头部厂商，快手、抖音、西瓜视频与火山小视频占据着短视频行业86.72% 的用户流量。其中值得强调的是，拥有过亿日活用户的快手前后用了六年时间；而抖音只用了一年多的时间，就完成了快手 43% 的进度。按照这个走势，抖音的未来有无限可能。

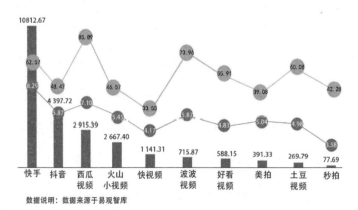

2018 年 2 月主要短视频 App 用户数据图

数据说明：数据来源于易观智库

综合分析前十大短视频平台的特点，主要分为社交型 App 与视频型 App，其中以快手、抖音、火山视频、美拍为代表的社交型 App 将是短视频行业发力的重点。

1. 快手：短视频领军者，兼具先发优势与技术积累

快手成立于 2011 年，以制作 GIF 起家，于 2013 年转型为短视频社区，是最早进入短视频行业的短视频 App。在 2016 年其注册用户数已突破 3 亿，2017 年获腾讯 3.5 亿美元 D 轮投资。

在技术层面上，快手从 GIF 制作阶段开始不断积累，目前技术团队人数占公司总人数的 80%，高管团队也以技术出身的骨干人员为主，在人工智能、算法分发等领域有很多的应用。

快手的市场定位立足于二、三线城市及农村，用户群收入和学历均偏低但数量庞大，以记录群众生活为主线，在"记录世界记录你"的口号的引导下，真实、接地气是快手的特殊标签。

2. 抖音：2017 年异军突起的黑马

抖音是 2016 年下半年才正式上线的短视频应用，虽然入场时间较晚但是凭借高效的运营与今日头条的大力投入，在 2017 年整体用户规模出现快速爆发，2018 年 2 月活跃用户量相比于 2017 年同期增幅高达 3 807.69%。

抖音在技术上的优势依托于今日头条。抖音的开发者为北京微播视界科技有限公司，其公司创始人便是今日头条的技术总监梁汝波。在版本迭代上，从抖音第一版发布至今，基本保持平均 10 天发布一个版本的节奏，虽然说敏捷开发及小步快跑的方法论在互联网圈已经广泛流传了，但是真正运作的团队非常少,可见抖音整个团队功力非常深厚。抖音将15秒音乐短视频社区作为核心定位,主要针对一、二线城市的90后受众,用户更年轻化,用户的收入与学历的整体水平高于快手。抖音凭借快节奏、富有创意的视频内容,迅速抓住年轻用户,成为95后、00后的聚集地。高大上、年轻、酷潮已成为抖音区别于其他短视频平台的标签。

3. 火山小视频:对标快手,能赚钱的短视频平台

火山小视频是今日头条旗下直接对标快手的短视频平台,其目标受众为二、三线城市用户及农村受众,内容以"记录真实生活"为主。可以说,火山小视频无论是面向的用户受众,还是其设计风格、理念定位都与快手高度重合,而其最大的特殊标签就是"赚钱"。

2016年9月,今日头条宣布为火山小视频注入10亿元补贴,发起"10亿补贴火力升级"的活动,迅速吸引目标受众参与。我们通过百度指数的数据可知,用户往往会将"赚钱""火力"这两个关键词与之联系。

4. 美拍:围绕"美"的资源投入与用户获取

美拍是美图旗下"短视频+直播"平台,于2014年5月上线,上线以来通过与明星综艺的深度互动吸引了大批用户粉丝。截至2016年6月,美拍用户创造视频总数达5.3亿条,日人均观看时长达40分钟。

美拍突出的社交属性能够将美图现有的产品体系都整合起来,成为美图"更美"版图中十分重要的一环。依托于美图公司丰富的产品矩阵与丰富的用户资源,美拍迅速吸引了大批的粉丝用户进驻,并对美图旗下的产品、电商平台、用户、品牌进行持续性整合。美拍的特殊标签就是"美",其战略定位是打造

"女生最爱的潮流短视频社区"。美图通过对舞蹈、美妆、手工、穿搭、美食等女性化核心内容品类的重点扶持，迅速吸引来对女性、时尚、生活方面具有较高需求的用户，并积累了相应的内容资源、创作者资源和广告主资源。

三、与其他社交平台的连通传播

目前各大短视频 App 与现有的社交平台之间的结合相对较弱，且现有的互联网内容分发平台微博、微信、今日头条等均有各自孵化的短视频平台，故短视频 App 与社交媒体间无法随意进行连通传播。排名前十的短视频平台中，仅有今日头条旗下的抖音、火山小视频、西瓜视频，美图旗下的美拍及微博旗下的秒拍具有除本平台之外的大流量分发平台。

抖音的短视频内容能够分发传播至拥有日活跃用户量破亿的今日头条上，同时还可以转发分享到微博平台，但腾讯系的微信和QQ，目前不支持抖音的连通传播。美拍短视频在美图旗下以美图秀秀为代表的多款明星产品中设置了导流入口，能精准导流目标受众。秒拍与新浪微博达成战略合作，能够让秒拍视频在微博中进行分享传播。

四、什么样的内容更受抖音用户喜欢？

抖音的内容与抖音的品牌定位紧密相关，抖音大多数内容符合年轻、潮流、炫酷的整体格调。我们对深受用户喜欢的抖音作品进行解构后发现，抖音的内容由主角、音乐、肢体语音/神情表达、剧情等组成，用户反响强烈的内容将逐渐形成阶段性抖音作品创作模板，进而从模板中形成更多的衍生内容。

1 全面解读抖音

抖音内容一般比较轻松活泼，用户对于内容的印象主要集中在：多才多艺、颜值高、搞笑有趣。用户观看抖音短视频内容最常见的几种内心感觉有：搞笑、惊讶、倾慕。抖音最受欢迎的三个主角类型包括：美女帅哥、小孩与萌宠，这些主角凭借高颜值或可爱的形象就能够吸引用户的关注。

针对目前抖音上比较流行的抖音内容，我们进行了盘点，几乎涵盖了所有抖音的热门短视频内容类型，供大家参考。

抖音套路玩法集锦

类型	分类
1. 抖音热门话题	例如：你有什么资格来说我胖、愚人节整蛊等热门话题
2. 获得新技能	（1）艺术类：唱歌、跳舞、魔术等 （2）学习类：办公软件、英语、手机使用技巧 （3）生活技能：化妆、造型、不为人知的生活小妙招
3. 搞笑	（1）经典段子配音 （2）专业制作团队精心演绎的情景剧 （3）男女反串，一人分饰多角 （4）街头访谈
4. 秀恩爱	（1）无条件宠溺类 （2）相爱相杀类
5. 萌娃	（1）展示萌娃唱歌跳舞，可爱 （2）兄妹宠溺日常 （3）萌娃技能展示 （4）"戏精"萌娃
6. 美女帅哥	（1）跳舞唱歌+变装/运镜 （2）吃饭逛街等日常生活 （3）给经典相声/电影桥段配音 （4）向小哥哥或小姐姐搭讪
7. 萌宠	（1）给萌宠配音，添加搞笑剧情 （2）萌宠"成精"系列 （3）萌宠打架、吃饭睡觉等日常
8. 美食	（1）与众不同：隐居山林，挖掘美食制作美味 （2）实用的家常菜做法 （3）创意美食做法

（续）

类型	分类
9.旅游分享	（1）展示各种美景
	（2）各种极限活动体验
10.动漫卡通	（1）搞笑故事
	（2）漫画预告
	（3）暖心故事/语录
11.分享背后的故事	（1）新闻直播、飞行员、模特等行业的心酸
	（2）知名公司员工内部的小趣事
	（3）节目录制/追星现场故事
12.展示独特生活	（1）婚礼现场，生日，蹦迪
	（2）化妆品、包包、名车等展示操作
13.励志故事	（1）健身、自我成长类励志故事
	（2）情感类、职场类励志故事

除了了解以上抖音热门短视频内容类型，我们还需要记住抖音现在的广告语："记录美好生活"。与快手的广告语"记录世界记录你"相比，同样是"记录"，但抖音多了一个"美好"，这就是"什么样的内容在抖音容易火"最核心的答案，即视频应该更具美感、更潮酷、更年轻化。

第3节 抖音玩什么？

抖音为年轻、有活力的"95后"用户提供了一个丰富、有趣的展示舞台，年轻用户在抖音上释放着强大的内容原创能力，创造了花样百出的抖音玩法，利用剧情反转、特效等手法打造了一个又一个"魔性梗"，吸引众人模仿，甚至引来了微信朋友圈和微博上的用户争相效仿。

一、抖音流行的7种玩法

目前抖音平台上最流行的玩法可概括为以下七种：技术流、音乐舞蹈类、美妆类、生活小技巧类、情感类、萌宠类、恶搞类。

1. 技术流

技术流是抖音早期主打的短视频类型，以抖音的官方 TVC 宣传片为例，视频拍摄者善用灯光、镜头运转和剪辑等视频手法，配以酷炫的电子鼓点音乐，制造出迷幻、刺激、新潮的视觉风格。

技术流风格短视频以创意和拍摄水平取胜，是抖音平台上第一批出现的视频风格，至今仍具有较高人气。技术流玩家以爱钻研的男生居多，但因为难度较大，且保持更新需要耗费较多心血，所以技术流玩家是抖音平台上少有的一个群体。"黑脸 V"是抖音上为数不多的真正有实力的技术流玩家，他以从不显露真容、出乎意料的视频创意和厉害的剪辑手法著称，在抖音平台上拥有 2 438 万粉丝，播放量破亿，总点赞数 1.5 亿，是抖音平台的超级明星。这也可以看得出抖音用户对纯技术流玩家的钟爱。

2. 音乐舞蹈类

抖音的产品定位是"专注于新生代的音乐短视频社区"，所以音乐舞蹈类短视频是抖音上最庞大的视频种类。以传播度最广的"海草舞"为例,其魔性洗脑的音乐和舞蹈,吸引了无数普通用户和明星自发拍摄传播,后期舞蹈创新引入萌宠元素,猫咪的软萌舞蹈让"海草舞"传播得更加迅速。此外,手指舞也是抖音平台上传播较广的音乐舞蹈类视频,为了降低视频拍摄难度,用手指来表现舞蹈是非常方便有趣的方式,手指舞深受抖音用户喜爱。

音乐舞蹈类视频还延伸出对口型视频,只需挑选适合的歌曲或配音作为视频伴奏,拍摄者只需对口型并演绎相应情景,这种视频拍摄方式简单易操作,被众多帅哥美女喜爱。

3. 美妆类

抖音是众多帅哥美女的聚集地,自然少不了美妆视频,目前抖音上美妆视频的类型主要有以下四种:①简单的上妆展示;②通过遮蔽物和瞬间剪辑呈现反差巨大的妆前妆后效果；③怪异妆容；④卸妆挑战。

美妆视频通常以其前后反差效果吸引眼球，充分展现了播主高超的化妆技术，用户通常会冲着学习化妆技术去关注播主，所以美妆视频后来也延伸出更细的分类，比如Z形画眉方式、如何画高光阴影等。

美妆视频通常还会展示所用化妆品的牌子，所以美妆类视频也成为产品推荐的集中地。除了化妆品推荐之外，播主还会推荐更多神奇的化妆或护肤用具，深受众多抖音用户喜爱。但目前美妆类视频还没发展成微商代购的地盘，产品展示的目的仍比较纯粹，后续发展成美妆导购的可能性较高。

4. 生活小技巧类

生活小技巧类视频在抖音也具有可观的视频数量和点赞量，抖音用户在评论区常说一句话："抖音教会我……"，可见技能分享视频受到了广大用户欢迎。

目前为止抖音已经有非常多生活技巧类视频火了，并引发了众多尝试与模仿，比如海底捞自制配料、CoCo最强搭配、自缝裤脚、敲两下截屏、花式绑鞋带、如何做琥珀和快速乘法教学等。许多商品在抖音生活技巧视频中被炒得火热，如海底捞、刷鞋海绵和迷你榨汁机等，众多商家在这场视频营销中获得了人气和销量。随着用户的原创内容越来越多，趁机营销的商家也加入了战场，抖音与商品的联系将进一步加强。

5. 情感类

情感类内容视频，比如情景短剧、为你读诗等，在各类平台上都比较常见，但相比较而言，抖音用户对于内容"短小精悍"的要求，也使得在抖音上讲情感故事的达人们，要能够更巧妙地剪辑，更加精准快速地抛出内容中的"包袱"，让观众的内心"抖一抖"。

6. 萌宠类

大部分人都不会拒绝萌宠视频，所以家有萌宠的抖音用户也会把自家的猫或狗搬上抖音视频，并且和萌宠一起玩出花样。继萌宠海草舞后，"建国后不许成精"成为抖音又一大视频标签，用户拍下家里宠物"不同寻常"的表现，用"鬼畜"音乐营造氛围，常常能获得很高的点赞量。

7. 恶搞类

恶搞视频带给观看者欢乐与放松，同样也受到非常多的关注和讨论。抖音上流行过很多恶搞挑战，这些恶搞视频可以大量传播的原因之一是其具有可模仿性，但也要注意恶搞的尺度。

二、抖音流行的20个场景

抖音作为一款"记录美好生活"的App，用户能够在任意场景进行抖音内容的制作，同时，场景也是故事剧情发生的载体，与作品内容、使用道具、台词、人设等都能有机地结合起来，从而使得表达的内容更具临场感。

于是我们深挖最受欢迎的抖音内容，总结了20个常用的抖音场景，这20个场景主要分为三个类别。

抖音营销实战指南

1. 日常生活场景

场景一：居家住所

家是人们最为熟悉的地方，涉及的人物角色、人物关系都十分丰富，包括父母、子女之间的亲情，妻子和丈夫的爱情，主人与宠物之间的感情以及一个人的独处，这些都是可以表达的点。

按照家里房间的功能，在不同的房间进行拍摄时的感觉也各不相同。一般在客厅进行拍摄更多的是搞笑互动，与父母、宠物的故事一般也发生在客厅；在卧室一般是分享温馨时刻，主要是与子女、爱人之间互动，还有个人的穿搭与"自嗨"；在厨房更多的是厨艺的展示教学。

场景二：宿舍

宿舍是学生群体或是初入职场的年轻人合租的场景，主要是与同学、朋友间的友谊，个人娱乐。这些学生受众恰恰是抖音的主流用户，宿舍场景能够给这些主流用户切身的代入感。

在宿舍场景下抖音内容主要是记录同宿舍室友的生活（室友唱歌、角色扮演等），自己在宿舍中穿搭、玩手指舞，与舍友共同跳抖音热舞以及男女宿舍间的互动等。该场景十分适合学生"潮品"、宿舍"神器"等产品植入。

场景三：健身房

健身房是健身爱好者常去的地方，一般为自己与另一名健身伙伴间的互动，或个人的健身展示。

健身房场景的抖音内容看点主要集中于三点：①身材健美的帅哥美女；②抖音神曲搭配跑步机的健身房最火舞蹈；③壮硕健美的男士翩翩起舞形成的反差。该场景与健身爱好者紧密地联系起来，除了是健身品牌天然的宣传载体外，也是保健、运动等品牌的植入场地。

场景四：舞蹈室

抖音内容中有相当大一部分是舞蹈类视频，因此舞蹈室便成了抖音中常见的一个拍摄场景，舞蹈室中的视频主要是自己与舞友们的舞蹈配合。

该场景下的核心看点主要集中在人物角色及舞蹈的编排上。抖音中很多火起来的舞蹈如"海草舞""Panama""Samsara"等，最早都是由专业的舞者率先进行录制并起到了示范效应从而引爆的。所以舞蹈室极有可能成为未来抖音创新舞蹈内容的一个入口，成为品牌商家专属音乐、手势进入抖音热门内容的重要渠道。

场景五：运动场

抖音用户中不乏体育运动的爱好者，有很多与运动场相关的视频内容也不断涌现，这部分视频主要是对于赛场上所遇到的高手的运动记录或技能挑战。该场景下受到广泛欢迎的内容包括：①强对抗性运动的赛场表现或难度挑战，其中篮球运动作为一项强对抗且欣赏性强的运动是目前的主要内容素材；②运动会期间全校跑旗、集体舞蹈、接力赛事等充满热点的事件。该场景主要针对体育运动爱好者群体，具有十分强的指向性，且在录制中场景的体现较为开阔，能够容纳的信息量特别大。

场景六：婚礼

婚礼作为人生中一件令人难忘的大事，该场景下表达的内容往往能直戳人心，其中可能包括新郎和新娘的爱情、新娘与父母亲的亲情，以及伴郎团伴娘团所体现的友情等。

婚礼的场景较多，一般涉及的细分场景有：①接亲阶段主要是新郎、新娘与各自伴郎团、伴娘团之间的趣事；②在结婚阶段新娘与父母的感情流露、结婚浪漫瞬间、新娘新郎的才艺表演等都是能够涵盖的事件内容。婚礼涉及的流程和用到的道具十分多，是一个很好的内容制作场景。

2. 上班及交通场景

场景七：办公室

抖音的目标受众有很大一部分是初入职场的90后新人，办公室是他们主要停留的场所，会给他们很强的代入感。办公室主要涉及的人物关系为与同事之间的关系，以及与领导的上下级关系。

以办公室为场景的内容主要也是从这两条线展开，对于同事往往是一起"尬舞"或相互整蛊，面对领导则是通过上下级关系的演绎达到搞笑的效果，或是让不苟言笑的领导参与"尬舞"。在办公室场景下，白领们常用的化妆品、办公用具、电子用品、办公室神器等都会频繁地出镜。

场景八：课室

与年轻的职场新人对应的是"95后"的学生群体，他们平日活动的场所就是校园及课室。该场景主要涉及同学、同桌的友谊以及与老师之间的师生情谊。目前在该场景进行抖音录制的一般为年轻的学校教师，他们要么录制办公室生活，要么与学生一同录制一些有趣的视频或舞蹈。

场景九：专业工种上班场景

抖音随时随地录制的特点，拉近了普通人与一些特殊职业者间的距离，比如空姐们的日常生活、节目主持人的播音生活以及研究员的实验等。内容主要涉及职业内容的展示，让观看者能够身临其境地感受他们职业中的工作场景与日常生活。在品牌宣传和推广上，由于这些职业具有特定的标识性，能够为产品、品牌打上如"空姐专用"、"IT人士必备"等标签，从而增加产品的识别度。

场景十：公共交通出行

上班族每天有很长一段时间都在交通出行中度过，所以公交车、地铁等公共交通场景也是抖音视频内容创作的主要场景之一。该场景主要是与陌生人的互动或者路边趣闻的捕捉。目前主要的视频内容包括街头艺人表演的抓拍等。该场景能与线下地铁广告和公交车广告紧密结合，对线下投放广告进行二次宣传。

场景十一：公路行驶

驾车出游遇到堵车或等红绿灯时，往往是乘车人员使用抖音记录的主要时刻，由于其特殊的认同感，在公路上经常会发生有趣的互动。目前以公路为场景的记录内容主要是车辆间"滴，滴滴"暗号的回应，及乘车人员看到路边发生的趣事。记录内容中会出现大量汽车品牌，并且汽车的装饰也是公路趣味视频重要的部分。

场景十二：街道逛街

街道场景的抖音录制内容主要是创作者与陌生人之间的互动，遇到的陌生人可以是帅哥美女，也可以是穿着玩偶服的工作者，或者是街头卖艺的艺人等。视频录制的内容目前有三个主要方向：①路边搭讪帅哥美女，其中奇趣的搭讪玩法可以让观看的用户找到归属感；②派传单的布朗熊、熊本熊，在街边用千奇百怪的方式派传单；③对路边的趣事进行记录和捕捉，包括对城市氛围的拍摄，对街边艺人的抓拍等。

3. 娱乐游玩场景

场景十三：城市地标广场

城市地标的开阔广场是城市居民在市内游玩时去得较为频繁的地方，同时这些开阔的广场也是极限运动者聚集的地方，有时也是品牌线下制造事件的集中地。有很多滑板、滑轮的兴趣爱好者都喜欢在广场中滑行穿梭，视频展示动感运动的同时也能带观众饱览城市风光。此外还有广场上举办的大型线下展览、快闪或音乐节等活动，这些都会吸引大量的抖友进行拍摄。

场景十四：城市地标大厦

城市的标志性建筑如广州塔等，具有很高的认知度，只要有富有创意的呈现形式，就能够迅速地通过短视频传播。目前这种创意的形式主要是烟花表演、外墙的灯光秀等。

场景十五：城市航拍视角

航拍是在抖音上新兴起的一种应用视角，主要是作为人物呈现内容的延展及城市风光的拍摄。航拍通过无人机进行拍摄，其镜头能承载的信息量很大，而且能够以一个不同于手持的俯视视角进行拍摄。主要的应用场景包括对于城市、景点的介绍，对人群的队形进行捕捉等。

场景十六：网红门店

抖音带火的网红门店有好多，其主要的特征是门店有特色，并且能够通过抖音来进行直观的体现。一般的网红门店以快销店为主，用户去消费并录制视频，一是为了体验网红产品，二是为了找寻到圈子的认同感。其录制的内容主要集中在对创意产品的体验，如答案奶茶，写问题与揭晓答案的时刻；又或是在购买产品的过程中享受到的创意服务，如土耳其冰淇淋店店员与消费者的趣味互动。

场景十七：美食餐厅

餐饮是刚需行业，而就餐时间恰好是用户的休息时间，因此大量的抖音用户都会选择在就餐时进行拍摄。在餐厅就餐的场景中，其涉及的关系包括用户与就餐伙伴的联系，与陌生顾客的联系，与餐厅品牌方的联系，与餐厅菜品的联系，而该场景中各式各样的内容也是围绕这四组联系展开的。

与就餐伙伴有联系的视频内容，主要集中在网友线下见面、喂食夹菜等细节趣味互动中；与陌生顾客的联系，主要以邻桌趣事抓拍、夹菜挑战为主；与餐厅品牌方联系是指与餐厅的工作人员进行搞笑互动；与餐厅菜品的联系，主要包括美食的推荐，如海底捞的特色调料碟，或者具有特色的美食。

场景十八：门店消费场景

除了抖音网红店外，抖友们还纷纷走向各线下消费场景进行消费，其中不乏理发店、首饰店、酒店等。这些线下消费场景的内容呈现形式一般是关于消费的服务、产品本身，或者是记录高颜值服务员，又或是与服务员进行搞笑互动。举例说来，理发店主要依靠抖音流行的发型以及部分发型师高超的技术吸引用户，特色酒店则以酒店的特色内饰或周边美景打动用户。

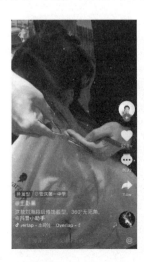

场景十九：景区景点

城市的特色旅游项目也随着抖音的传播越发红火，如穿梭在大楼间的重庆轻轨、西安摔碗酒、湖天一线的茶卡盐湖等，这些视频的内容并没有十分复杂的剧情演绎，更多的是出于对景色的感叹和趣味分享，往往会搭配抒情的音乐，让人沉醉其中。

场景二十：极限运动、刺激专项

极限运动与刺激的娱乐项目是旅游项目中最吸引消费者的项目，这些项目的呈现往往会为观众带来视觉上的强烈冲击。目前在抖音中常见的专项包括：蹦极、过山车、潜水以及高空玻璃桥等，拍摄主要有第一人称视角与第三人称视角两种。其中，第一人称视角主要为受众带来身临其境的视觉感受，第三人称视角更多是通过正在玩娱乐设施的人的演绎突出项目的紧张刺激。

三、抖音常用的4类道具

有趣的短视频需要丰富的道具元素和场景元素，一些不起眼的普通物品在抖音平台上被脑洞大开的网友发掘出神奇的功能，使用这些道具可以更好地展现自己的创意，吸引用户的眼球。

1. 才艺展示类道具

抖音的视频以展示自我为内容主流，包括众多音乐舞蹈视频和技术流视频，而这类视频可以借助很多日常生活中的物品作为道具。下面我们来看看，抖音上的用户在才艺展示时常用的道具。

第一，有音调的计算器。除了吉他、古筝等常见的乐器之外，网友们把弹奏的任务交给了计算器，而它唯一的特点是每个按键都能发出不同的音调，只要弄清楚每个数字代表的音调，就能根据乐谱弹奏出相应的歌曲。音乐是抖音平台非常重要的传播元素，创新背景音乐和发声工具的玩法能吸引更多用户参与互动。

第二,技术流玩家常用的手持灯和妖狐面具。技术流玩家要在视频中表现更丰富的内容就需要更多有趣道具的辅助,手持灯和妖狐面具能在有技巧的视频剪辑中营造神秘、迷幻的氛围,所以深受技术流玩家喜爱。酷炫、个性的物品更容易成为技术流玩家手中的视频道具,一旦他们喜欢这个道具,这个物品将会出现在众多模仿视频里。

第三,跑步机。健身房是展示自信的地方,热衷健身的网友在跑步机上发明了一种舞蹈,在跑步机上悠然地跳舞更能展示他们的风采。

以此类推,道具的作用是帮助网友用更加创新和潮酷的方式展示自己,只要能让视频看起来更酷,让视频中的自己看起来更美,生活中的任何物品都可以用。

2. 整蛊类道具

整蛊已成为抖音短视频的一大派别,从自家宠物、身边的朋友到路上的陌生人都可以是整蛊的对象。这些整蛊道具有些是特制的物品,有些只是不起眼的生活用品,比如:

第一,打翻的奶茶模拟道具。这个是特制的整蛊道具,模拟星巴克咖啡打翻的样子,放在电脑上吓唬朋友。

第二,透明胶带。把透明胶带横贴在门框之间,拍下宠物想冲出门却被胶带拦住的惊吓模样。

3. 搞笑趣味类道具

为了让视频更有趣味性,传播性更强,借用道具会取得事半功倍的效果。

第一,萌元素的代表道具是人偶服和家里的宠物。穿人偶服装派传单在抖音上火起来后,熊本熊和布朗熊就成为抖音道具杀手锏,每次使用都会获得可观的点赞量。与此同时，让家里的宠物跳舞和做托下巴姿势等视频也很容易获得高关注度。

第二，无人机航拍让视频更具优势。部分有条件的抖音用户会借助无人机来获取更壮观的视角，甚至没有无人机的用户也会用各种方式模拟无人机的拍摄效果。

第三，游戏头盔和背包。随着《绝地求生：刺激战场》游戏的走红，抖音出现了大量模仿游戏视角的视频，以头盔和背包为主要模仿道具。

第四，汽车。以汽车为道具延伸的视频内容有"一字马"关门、后备厢装人和花式炫富等。

4. 情侣互动类道具

女生喜欢的化妆品也成了人们借用的道具之一。男生们在镜头前用口红"要挟"女生，形成搞笑趣味的同时又戳中了女生痛点。同样，对于男生来说，游戏机的重要程度也不亚于女生的口红。于是，在女生手中，男生的游戏机也成了一种道具。

由于情侣之间亲密度更高，互相开玩笑的程度也更高，用两人的生活用品开玩笑能让视频更具趣味性和传播力。

抖音常用的 29 个道具

道具类型	具体道具	玩法
才艺展示类道具	吉他、古筝等乐器	歌曲伴奏
	计算器	弹奏音乐
	纸	折纸或者纸笔搭配
	笔	转笔技巧，或者是作为魔术表演道具
	手持灯	技术流道具，制造迷幻感
	妖狐面具	戴上可增加神秘感
	跑步机	在跑步机上跳舞
	电脑	展示游戏技术或者是剪辑特效视频
	扑克牌	魔术展示或者是制作多米诺骨牌效应
整蛊类道具	手机	电话恶搞或者是展示图片或者视频
	透明胶带	横贴在门框上，整蛊宠物和小孩
	打翻的奶茶	把模拟道具放在电脑上吓唬同伴
	高领毛衣	把毛衣的高领拉高绑在头上
趣味搞笑类道具	人偶服装	穿着人偶服在街上派传单
	宠物	宠物跳舞、做托下巴动作等
	无人机	用无人机航拍
	汽车	一字马关后备厢门，汽车里藏私房钱
	围巾	借围巾制造化妆前后的反差造型
	游戏头盔背包	现实模拟游戏造型
	纸币	作为金钱担当，魔术变钱或者是惊喜礼物
	香水	拍摄喷香水的美丽一刻
	保鲜膜	新颖的拍摄工具，拍摄出与众不同的风格

（续）

道具类型	具体道具	玩法
情侣互动类道具	口红	制造互动
	游戏机	送给男友的礼物
	相册盒子	送给女友的惊喜礼物
	零食盒	藏礼物
	包	作为惊喜礼物，互动道具
	蛋糕	藏礼物，或者创意蛋糕装饰
	鲜花	装饰、礼物，或者是用3D打印机制造鲜花

第2章

抖音营销怎么植入

第1节　抖音短视频独特的营销价值

目前，抖音几乎成了最炙手可热的新兴营销渠道之一，那抖音短视频究竟能为品牌方带来哪些独特的营销价值？

一、锁定圈层，精准传播

"圈层"原本是地产营销的概念，是指在营销过程中，把目标客户当作一个圈层，通过针对他们的一些信息传递、体验互动，进行精准化营销。但随着自媒体和品牌精准营销的发展，聚焦圈层、找准合适的用户进行深度沟通成为社交平台延伸的一大营销价值。圈层传播是实现"受众→受众"的自传播最有效的方式之一。

自媒体的狂欢让互联网用户不知不觉产生了群体分类，无数群体标签在自媒体意见领袖的引领下诞生，用户也在信息大潮中各自寻觅适合自己的圈层。抖音短视频作品的创作风格越明显、内容挖掘越深，用户分类越精准。

抖音作为拥有"航母级"用户规模的短视频平台代表，各路有才的年轻人在这里建立自己的短视频频道，开创各类视频风格。他们一面当着热门的KOL，一面把自己放置于抖音的各类群体标签中，共同组成了抖音庞大的"圈层集"，比如带领"美妆达人"的化妆爱好者、带领"技术流玩家"的技术控、带领"育儿达人"的年轻妈妈。同时，抖音平台以其潮流酷炫的内容分享，聚集了大批的"90后"与"00后"，成为最受瞩目的"年轻用户圈层"，上亿年轻用户在这里了解最新、最潮的酷炫生活，在这里创造无数爆红的"梗"。

以美妆达人"深夜徐老师"为例，她是一位在微博上拥有200多万粉丝的博主,主要分享时尚穿搭、美妆好物,还有一些采访明星的视频等。她把在微博上发过的视频剪辑成一小段,以上篇、中篇、下篇作为系列主题篇,然后分享到抖音上,吸引了近160万粉丝。

由于"深夜徐老师"的目标圈层是20~30岁的中高端消费人士,所以一些大品牌比如雅诗兰黛、YSL、SK-II等都纷纷找她拍摄创意广告视频,比如之前的"直男福利,不同的预算应该送女方对应的什么礼物"系列视频,就植入了很多大牌产品,给男生推荐。看了这个视频的男生就会考虑自己的预算,然后去购买相对应的产品。该系列视频点赞数为9万,而转发量为6 156。

在抖音上,圈层传播的营销价值在于品牌可以让产品内容精准地面向年轻用户,用最贴近年轻人的方式进行传播营销,减少了筛选目标群体的成本,用较低的广告成本获得较高的传播收益。品牌营销时常希望年轻人深度参与,以扩大影响力、加深品牌印象。抖音正是符合这种品牌诉求的绝佳品牌营销阵地,只要在内容创作上获得年轻用户的认可,他们甚至会模仿并自发传播,最终取得品牌营销的效果。

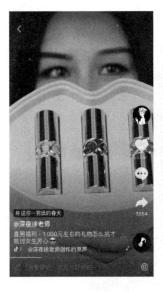

二、场景营销，融入情感

抖音短视频中通常会有丰富的场景，包括家里、宿舍、公共场所等。不同的场景会发生不同的故事，可以使用不同的物品。而品牌商可以根据生活化的分享画面进行场景营销。不同的场景使用不同的产品，观众的代入感会比阅读文字或浏览图片更强，会有更真实的场景和故事体验。所以观看视频的用户会更容易沉浸于视频的剧情走向，从而引发情感共鸣，加深对产品的印象。

抖音上的用户在创作短视频内容时也会有固定的场景，比如美妆视频是在家里拍，搞怪视频是在街边拍，职场故事通常发生在办公室等。

成功的运用场景会让场景的特性发挥出效果，比如在办公室可以通过演绎情景剧而引出职场难以言喻的痛点；在公共场所可以制造一些惊喜、挑战等吸引人；或者活用场景特点，把开门这一简单的场景用音乐和特效包装成英雄出

2 CHAPTER 抖音营销怎么植入

现的场面等。

比如"璐爷"的一个发传单的短视频,内容虽然简单,但很明显是一个有剧本的场景营销。视频内容是一个布朗熊人偶悠闲地倚在一辆车上发传单,一个路人想拿一张传单,但是布朗熊故意不让他拿,甚至还打他,赶他走。这个场景与我们的生活常识相违背,这种反差萌通过布朗熊的形象表现出来,使视频更有趣,配上合适的音乐,视频即获得120.9万的点赞量,转发量也高达2.8万。但仔细一看,别克的标识和产品无处不在。布朗熊倚着别克车,后面还有一个大大的宣传幅印着别克的标志,而该视频也参与了"GL6别克抖音大赛"视频话题,很明显是别克品牌门店为做宣传而专门拍摄的场景营销视频。

短视频营销发生在特定的场景里,真人出境,真切表达,真实情感。场景营销的价值在于不再是单纯植入,而是围绕产品/品牌及自媒体原有的风格去生产原创内容,进行原生传递,能更完整地展示品牌/产品,引发用户的共鸣和讨论。

这些"记录美好生活"的抖音短视频作品,可以将品牌/产品融入生活中的各种场景,在短视频的剧情配合下,将冷冰冰的品牌/产品变成牵动用户情感的各种生活元素。

三、音画结合,用户生产内容

抖音与其他短视频平台最大的区别就是——视频内容与音乐的紧密结合,音乐是推进内容节奏最重要的要素之一。抖音上流行的音乐总体来说具有以下特点:①快节奏;②节奏感强烈/歌词内容富有趣味;③音乐曲调突变;④现代流行音乐。首先,抖音视频的长度为15秒,这就决定了视频内容的快节奏,配乐的节奏也要相应加快;其次,抖音内容与音乐结合紧密主要体现在节奏把握及歌词演绎两个方面,所以流行的抖音音乐节奏感会十分强,有较为突出的鼓点,又或者是创作者能够对着趣味的歌词来逐句演绎。另外,大多数搞笑作品的笑点主要来自于剧情的反转,而配乐节奏的突然变化能让受众更快地被带入反转剧情中。

例如,关于著名游玩景点"欢乐长隆"的一个短视频,就结合了抖音上很火的一首歌——《让我留在你身边》,旁白是:"你这一辈子,有没有为别人拼过命"。当跳楼机升到最高处的时候,响起这一句旁白,一声呐喊后跳楼机以最快的速度垂直下降,此时歌词变成"也许会不同,也许会落空……"。音画结合卡点很到位,同时这种创意的音画结合也展现了跳楼机的刺激好玩,玩跳楼机和"拼命"这一点也结合得很好,呼吁大家去尝试挑战自己的极限。该视频获得171.8万的点赞量,9.3万的转发量,8 319条评论,是"欢乐长隆"点赞数最高的视频。可见创意优质的音画结合可以提高视频的传播量，同时也会给品牌和产品带来更加广泛的传播。

抖音的出现，也让制作这种音画结合的创意视频难度降低。抖音上提供了强大的音乐使用、剪辑和视频拍摄的简单化功能，使得普通用户更容易拍摄、制作视频，容易分享，制作成本降低，制作周期也短，改变了传统视频营销难以大范围批量制作和使用的难题。而在抖音上，一大批优质的内容创造者的出现，更是赋予了品牌/产品千人千面的解读机会，让品牌能在短时间聚焦声量，形成话题。

同时，对于品牌商来说，这也将是一个逆转广告环境生态的大趋势，抖音短视频出现之后，更加考验营销人员的是创意本身，而非传统意义的只展示产品的功能用途。现在，用户更愿意看到产品呈现出的有趣的、好玩的创意。只要你能找到产品的一个有趣点，与目前的潮流热点或者是用户痛点结合在一起进行宣传推广，就能迅速提高用户的关注度和传播度，进而转变成用户的狂热购买行为。

四、现实感强，利于扩散

由于互联网的强烈虚拟感和铺天盖地的广告，用户看到一个新奇的产品时，通常处于浏览和观望状态，互联网营销的永恒难点是如何提高营销转化率，如何让用户付出行动。

而抖音与微信、微博不同的地方，就在于抖音短视频所展现出来的强烈真实性。手机满屏视频的体验感让抖音用户不自觉地就将其代入现实，并在现实生活中模拟和尝试。目前已有许多变现的例子，比如生活小技巧的模仿、整蛊朋友的模仿以及购买抖音热门玩具等，人们在抖音上看到好玩的视频总是忍不住想和身边的朋友分享，视频内容转换成现实潮流是一件非常容易也很正常的事情。

例如"糯米团"在抖音上分享了一个音乐盒和猫咪的视频，视频画面中可以看到音乐盒在猫咪身边"唱歌"，猫咪冷漠的反应、嫌弃的小眼神和"热情舞动"的太阳花音乐盒形成了强烈反差，让观看的用户不禁脑补猫咪的内心独白："我是谁？我在哪？我旁边的这个东西是什么？"该视频获得212.5万的点赞量，16.8万的转发量，以及2.6万的评论数。而这种生活化的、有趣的对比也引发了很多有萌宠的朋友纷纷模仿，他们都想购买这个音乐盒，放在自家猫咪或者狗狗身边，再把它们的反应录成视频上传到抖音平台上，从而引发更多用户关注和模仿。

所以，品牌或产品在抖音发布营销视频，让用户看到在现实生活中使用这个产品的好处与乐趣，将会吸引用户在现实生活中模仿使用和推荐，从而为产品和品牌带来更多的关注度，并直接转化为销售。

第 2 节　抖音的推荐机制是什么？

快手、抖音等短视频平台的诞生彻底改变了视频行业的格局，原本仅能作为图文内容延展的媒体分发平台，摇身一变成了独具一格的社交平台，这种转型的关键正是抖音合理的算法与推荐机制。

在创立初期，很多用户会将抖音与小咖秀混为一谈，认为抖音只是一个更关注于音乐的小咖秀，很多业内人士担心抖音将会如小咖秀一般昙花一现。然而抖音的内容推荐机制，让站内的用户活跃了起来，并迎来了"爆发式"的用户增长。其用户活跃度可媲美火爆的手机游戏,让用户纷纷中了"抖音毒"。小咖秀的火爆依赖于明星的流量带动,将众多的推荐资源放在明星内容上,未能带动用户积极参与,反而在一段时间后给用户带来强烈的审美疲劳。而抖音依靠更合理、更智能的推荐机制,让用户与大牌明星在内容上"同台竞技",吸引了众多用户积极参与,产生源源不断的原创内容,因此也吸引了大量在手机上放松娱乐、消磨时间的用户。

另外,正因为"草根""达人"的大量涌入,才使得抖音不会像极度依赖头部效应的微博般,成了一个用户接收新闻资讯的媒介平台。可以说,抖音凭借"算法推荐+人工精选"的推荐机制,解决了短视频平台"没内容可看"的关键问题,同时激发了大批用户积极参与,为其真正注入了"社交基因"。抖音官方还创造性地打造"话题挑战"栏目,进一步引导普通用户模仿抖音达人发布的创意视频,带动更多的用户参与。

抖音的推荐机制是去中心化的。

抖音是一款带有强社交性的短视频平台,其内容的分发机制与传统重媒体属性的微博、微信公众号有很大的差异性。在微博和微信公众号上,内容的分发极度依赖粉丝的传播,再优质的内容只要没有关注的粉丝就传播不出去。而抖音采用算法推荐机制,用户拍摄的视频内容会按照智能算法推荐给其他用户,即使是没有粉丝基础的用户发的内容也能被分到几十甚至上百的流量。

从抖音的页面构成和功能结构上来看,抖音采用了经典的底部舵式导航和顶部标签导航相结合的方式,观看入口主要是首页顶部的"推荐"和"附近"。抖音的推荐流程一般是:首先根据发布者的位置,优先将内容推荐给附近的人,根据这部分用户的数据反馈,包括视频的点赞率、播放时长、评论量、转发量等指标,让数据反馈优秀的短视频内容获得更多的播放量,分发到更多用户账号的"推荐"页面。如果数据没有下降,会继续推荐,如果数据下降了,则会减少推荐,以此类推。

在整个推荐的过程中,抖音的叠加推荐起到了重要作用。叠加推荐是指抖音平台针对短视频作品的推荐,设置不同等级的播放量指标,如同一个个流量池,短视频内容只要通过一层层的指标筛选就能进入到下一个量级的流量池,为优质的视频内容提供了一个合理的筛选机制。叠加推荐以内容的综合权重为评估标准,综合权重的关键指标为:完播率、点赞量、评论量、转发量,且每个梯级的权重各有差异,当达到了一定量级,则采用大数据算法和人工运营相结合的机制。

因此,抖音的推荐算法让每一个有能力产出优质内容的人得到了和大号公平竞争的机会。

在抖音发起话题挑战是吸引用户点赞和用户关注的一个重要方式。

话题挑战是抖音刺激用户参与、降低用户参与创作门槛的主要方式。话题挑战是一个带领用户模仿的过程,用户根据话题的首发内容,进行跟风模仿,利用视频里面的元素打造出自己的风格。相应的,这些内容里的优质短视频也将成为新的热点,形成了一个从发起者吸引用户创作,用户创作成为发起者,再吸引其他用户参与的闭环。话题挑战在抖音上承载着引导用户产出有趣、多样、可看性高的内容的重任,因此分析抖音的热门话题,可以总结出抖音视频内容的发展策略。

抖音营销实战指南

点开抖音的搜索界面可以看到最近在抖音很红的话题，话题右侧有用户参与热度。

以参与热度较高的话题＃珍"eye"每一天＃为例。此话题由用户"吧唧一口小耳朵"发起，通过远距模糊与近距聚焦的视频手法近距离拍摄眼睛，在展示眼睛的迷人光彩的同时，呼吁网友爱护眼睛，注意健康用眼。该话题虽从公益角度出发，但网友对视频的聚焦点在"好看的眼睛"，因此一大波抖音用户纷纷模仿，引起"晒眼"热潮。发起话题的用户凭借这条创意视频短时间内涨粉7 000多。

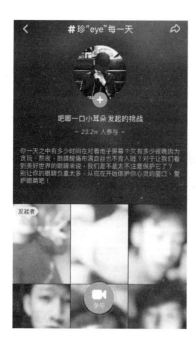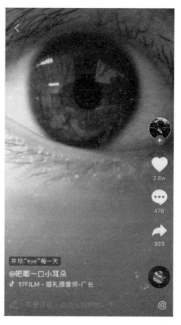

再比如，#欢迎来到小人国#的话题玩法是借助"近大远小"的物理原理，在视频画面上呈现出大物小人的错觉，该话题有81 386人参与。而后期有用户对话题进行创新，他们参考类似"跳一跳"的玩法，同样运用了"近大远小"的原理，在视频画面中展示了人在饮料瓶盖上跳跃的假象。

在画面中我们可以看到一排饮料摆在地面上，而瓶盖上面有个人，以跳跃或者舞蹈的方式从第一个饮料瓶盖跳到最后一个瓶盖。在画面中很明显能看到平常生活中熟悉的品牌饮料瓶，有可口可乐、百事可乐，还有矿泉水。这些都是用户随便拍摄的，并没有植入广告。但是也给品牌商的广告植入提供了一种参考方式，因为这个类似"跳一跳"的视频特别有趣，所以即使把自家产品光明正大地当成道具来拍摄视频，用户也不会反感，反而会觉得品牌商想到了一个与产品相结合的创意点，非常有想法。所以只要视频内容本身有创意、好玩，是否硬植入广告真的没关系。

从以上两个例子可以看出，发起话题挑战的吸粉速度是很快的，而什么样的话题才能吸引用户积极参与呢？我们总结了以下几个特点：简单易学、有自己的特色、借用道具。

抖音目前已经弱化了音乐社区的专业性，最开始火起来的技术流视频、高难度歌舞视频已经被简单的舞蹈视频、配音视频所代替。简单易学和具有展示空间已经成为抖音热门视频的必备条件之一，还可以适当地加入道具，让视频更加有趣，让其他用户更容易抓住模仿的核心，从而引发互动热潮。

第3节 抖音的传播路径是什么？

传统的信息传播路径通常非常烦琐，在引起消费者注意和让消费者记住品牌的两个路径节点上，经常会受其他外界因素影响而打断了传播路程。但在抖音短视频里，这个路径可以变得非常短，其沉浸式的视频表达方式，可以让品牌直接面对用户，并在一个信息无比开放的环境里引发传播风潮，从而达到品牌传播的目的。

由于抖音的推送机制注重去中心化的推荐，所以每个视频都有机会在其他用户面前推送，同是短视频平台，快手的视频传播更偏向熟人传播，而抖音则是优质内容随机推荐，所以以某个人为中心向外辐射的传播路径不太可行。优质的视频内容是口碑传播的首要前提，只有视频质量过关，才能让传播有持续的驱动力。

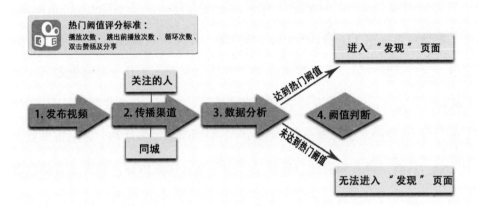

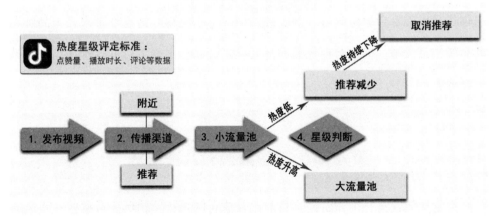

将抖音短视频分享至微信和微博平台也是口碑传播的一个途径，但跨平台分享不一定总能成功，受平台之间的协议影响，有可能会出现无法分享视频至

朋友圈和微博的情况。

以 CoCo 都可茶饮为例,我们来看看抖音的群体参与在口碑传播方面的路径:话题的引爆点最开始只是两个视频,发起人分享了最强 CoCo 奶茶配方:都可(焦糖奶茶+布丁+青稞 无糖+冰)缺一不可。视频创造了超过 50 万的播放量。引爆话题以后,很快有超过 40 个追随者进行了模仿,并自发创造了更多 CoCo 奶茶配方,这一类视频平均播放量是 1 万~50 万。再往后,就有 1 900 多个参与者,超过 40 倍的增长率,在平台上把话题进一步炒热,最后带来更多的浏览量。这就是抖音独有的口碑传播,当你有了爆款内容,有了非常愿意尝新的用户,话题就很容易被炒热。其他不同的平台也开始出现 CoCo 奶茶配方的总结贴,实现了各平台全面引爆。

类似于 CoCo 奶茶配方这种分享推荐的热门视频还有海底捞酱料配方系列、名创优品山谷百合香体喷雾、西安摔碗酒等,这类视频的走红带来相关品牌和商品的销量大增,甚至名创优品的部分网红商品已限购,可见抖音在品牌营销上影响力。

第 4 节　抖音营销的八种玩法

究竟如何在抖音上做营销?目前比较流行的抖音营销玩法有哪些?我们通过对抖音的营销玩法进行梳理,总结了 8 种目前比较普遍的抖音营销玩法,如果你是企业新媒体运营者或者个人品牌实践者,可以根据企业自身的情况进行尝试。

玩法一：聚焦产品，功能展示

若产品本身就极具亮点，那么恭喜你，可以骄傲自豪地直接用抖音展示产品与众不同的地方。

例如，以下这款手机壳，外表看起来与一般手机壳没有不同，但它却可以拉伸变成一个自拍杆。这对于爱自拍的人来说简直是福音，毕竟可以随时随地自拍也是一大乐事。

这款产品本身设计得很有创意，因此就直接把手机壳独特的地方用短视频展示出来了，这条抖音获得了 452.7 万点赞，22.8 万的转发和 3.4 万条评论，甚至有不少人在评论中问："链接在哪？我要去买！"

又如，某款戒指神器，可以当作戒指戴在手指上，又可以变成手镯戴在手腕上，这种一物两用的饰品，又好看又实用。没有见过的人刷到这条抖音，都觉得非常神奇,很想买一个自己用,或者送给闺蜜和妈妈。

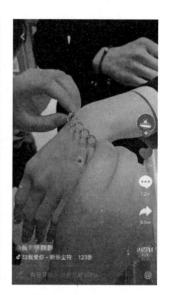

玩法二:玩转周边,惊喜增值

如果产品本身的功能、用途都和竞品差不多,那不妨尝试用周边产品做文章。可以利用动画、漫画、游戏等作品中的人物或动物造型,获得授权后制作成商品,还可以是与商品同时交付的一切相关物件。

比如你要卖一款化妆品,除了化妆品本身,包装盒、棉签、说明书、优惠卡等,都可以作为周边产品去设计。例如曾经有抖友晒出在官网上购买Dior唇釉,送了很多的赠品和周边产品,很多抖友就会想去官网上购买,然后把开箱视频上传到抖音,证实买一个产品,会得到一大堆赠品,绝对超值。这样的再

2 CHAPTER 抖音营销怎么植入

次宣传，能够让更多消费者产生购买的兴趣和欲望。

玩法三：放大优势，夸张展现

夸张是运用丰富的想象力，在客观现实的基础上有目的地放大产品的某个特征，以增强表达效果的修辞手法。对于产品的某个或某几个独有的特征，可以尝试用夸张的方式呈现，便于受众记忆。例如，"超大空间"是别克 GL6 的卖点之一。为了突出这个卖点，销售人员直接把后座放下来，让两个小姐姐躺在上面，给不少观众留下深刻印象。

又如,"滑动一键开启中控隐秘的存储空间"算是凯迪拉克的亮点之一。该亮点中"藏钱的最佳位置"话题被放大后,成为抖友们纷纷模仿的热门视频。仅其中一个相关的抖音视频,点赞量就达到近10万。

玩法四:跨界延伸,增加创意

若产品本身出彩的地方不多,那就用创意来填充。挖掘一些特别的功能或延伸一些增值附加功能,创造性地展示出这些跨界的用途或功能,也能吸引大家围观。

比如,一家普通的饭店,没有独特的菜品,也没有旅游景点那样优越的地理环境,只是在店内设置了一个"10秒钟"的机器。如果成功按到数字10就可以享有折扣,用户自发进行挑战并拍成视频上传抖音,成功激发了抖友们挑战的欲望,互相询问地址后,大批抖友前往店内进行挑战。

还有我们生活中经常接触到的自带声音的计算器,由于每个数字的声音都不同,有用户想到了用计算器的声音来演奏抖音上的热门歌曲,只要加快按键的速度就能演奏出歌曲的旋律。

这种创意简单、有趣,还容易复制,很多抖友看了都纷纷想购买产品,尝试一下计算器的新玩法,看着自己动动手指就能按出流行歌曲,还是很激动的。

玩法五：口碑展示，营造氛围

在抖音展示口碑，可以从侧面呈现产品的火爆。大量用户在抖音跟风展示网红产品的卖点，通过多样化的内容呈现，不断深化用户对产品的印象，形成品牌口碑。你可以在抖音展示达人推荐的网红店铺、购买到的爆品，或者是照着网红菜谱做的特制菜式……

例如，火遍抖音的"答案奶茶"，经常有抖友跟风品尝，并用抖音短视频记录下揭晓答案的瞬间，将回答呈现给大家。随着拍摄用户的不断增多，在站内形成了良好的口碑，带动了线下奶茶门店的销售。

玩法六：日常曝光，传播文化

消费者在购买产品的时候，除了产品质量、服务水平以外，也会关注品牌的内部文化和氛围。如果有两家产品差不多的品牌公司，第一家品牌公司给人的感觉是员工热情团结、工作有激情，而第二家品牌公司却是神神秘秘，为人处事冷冰冰。作为消费者，肯定更愿意选择第一家，哪怕产品价格稍微贵一点。所以，你完全可以在抖音上大胆地将公司的文化、办公室员工的生活趣事等呈现出来。

例如，小米的抖音账号之一"小米员工的日常"，发布了一个关于办公室趣事的视频，一位员工在抖音上拍摄了视频，得到了创意奖奖励，他在同事面前炫耀，此时另外一个同事拿出了很多他得过的创意奖项，用实力"碾压"了炫耀的同事，同时搭配背景音乐和道具，吸引了大量网友去围观和评论，该视频获得了17.9万的点赞量。虽然这只是办公室日常片段，但是却把小米员工塑造成是有创意和有意思的人，也从侧面展示了小米员工的能力和小米完善的奖励机制。

又如，京东在抖音账号"京东数科"中上传了两个女孩充满活力的视频，表现了上班的仪式感，这样简单的一个小视频获得了近5万的点赞量，不少人留言说："好想去京东上班和小姐姐做同事！"

玩法七：融入场景，巧妙植入

这种玩法的特点是，不再直接针对产品本身，而是把产品融入某个生活场景当中，让别人潜移默化地接受品牌或者产品的影响力，从而记住这个产品或品牌。换言之，虽然看起来只是生活小窍门或某个搞笑片段，但在场景中悄悄做了植入——如桌角放产品、背后有品牌标识、背景有广告声音等，这样依然能起到很好的品牌宣传效果。

就像"Do起床困难户"的一个很火的在奶茶店搭讪陌生人的视频，点赞量2.3万，但是背后都是店铺的标识和产品——这就是场景营销植入广告的套路。

玩法八：官方玩法，投入预算

除了前面七种比较流行的玩法，如果品牌商有一定的广告预算，还可以参与抖音官方的玩法：

（1）开屏广告＆信息流广告；

（2）红人 KOL 合作；

（3）创建视频话题；

（4）品牌音乐；

（5）品牌贴纸。

上述八种玩法是目前抖音平台上比较流行的营销手段，推荐大家多尝试，多创新。

第5节　什么样的产品适合在抖音做营销？

适合在抖音上做营销的商品首先必须要契合抖音的专属用户群，他们是90

抖音营销实战指南

后、00 后等年轻人，喜欢追求新奇好玩、时尚潮流或是物美价廉的各种"神器"。因此在目前的用户基础上，我们选择在抖音营销的产品最好是主要面向年轻用户的。在满足这点的基础上再通过 DIY、创意趣味、制造话题性等获得广泛的传播。

抖音上的年轻用户主要有以下几类需求：

（1）正值张扬年纪的 00 后，追求时尚潮流，喜欢新潮、能彰显个性的产品。

（2）很多 95 后乃至 00 后还谈不上张扬，只是喜欢生活中新奇有趣的事物，他们追求的是搞笑、有趣。

（3）初入职场的 95 后年轻人，刚进职场有些可支配收入，希望寻找生活中实用的物件，或能为自己的工作带来快乐的产品。

（4）部分正要着手组建家庭或有刚有小孩的 90 后，喜欢实用的生活用具以及能够给家人带来惊喜的礼物。

我们分析了众多抖音常见的产品或道具后，对目前在抖音上获得广泛传播的产品进行了分析，总结出了"DIY""话题性""创意趣味性""实用性""仪式感"五个关键的属性。

一、可塑性强，可 DIY

抖音上很多产品能够迅速蹿红的原因，就是其具有 DIY 的属性。DIY 能够为用户带来创造新奇、有趣内容的可能性，使得抖友们能围绕产品产出千差万别的内容；其次可 DIY 的产品，能够让购买者也参与其中，新的购买者可以参考视频的玩法进行再创造，大大增强了产品的可玩性。

例如，海底捞火锅店中的秘制调料配方，就是抖友们在海底捞调料区自行调制的配方，该配方被称为"最好吃的调料配方"，吸引众多用户到海底捞亲自调试。在这个过程中，配方的调制本身就富有乐趣，看过视频的受众还能亲自前往进行制作，而且很多用户还开始了自己的独立"研制"，可以说具有十分强的互动性，传播的效果也很明显。

在 DIY 这个属性上的挖掘并不一定就是商家的核心产品或产品的核心功能。从海底捞的网红调料配方来看，其实调料并不是海底捞主要的销售产品，但是借助调料碟 DIY 的火热，用户甚至开始研究"油面筋虾滑鸡蛋""番茄牛肉饭"等 DIY 菜系，最终助力主营产品的销售。另外，网上爆红的音乐计算器，被抖友们纷纷拿来弹奏各大抖音"神曲"，将原本用来算数的计算器，变成了一个电子乐器，让计算器延伸出了第二功能。可以说 DIY 是产品能够有效建立起视频创造者与消费者沟通的桥梁，让产品的互动性更强，更具可玩性，易于不断地产出传播内容。

二、具备话题性

具备话题性是产品能够在抖音上快速传播的重要特征，话题性相当于为产品打上特殊化的标签，抖音风格的标签能够快速为产品带来认同感，能让产品在抖音中更广泛地传播开。2018年在抖音中最为火爆的几个话题为"小猪佩奇，社会人""秘制、隐秘""对自己好点怎么了""神器"……

我们对这几个话题对应的产品进行研究：

"小猪佩奇身上纹，掌声送给社会人。"一句响亮的口号，在2018年将小猪佩奇彻底带火，并且让人们将小猪佩奇与社会人、社会这些关键词直接关联，成了一个大流量IP。因此在抖音中，凡是带有小猪佩奇的周边产品都自带话题流量和讨论热度，传播迅猛，其中包括小猪佩奇周边的奶糖手表、背包、存钱罐等，甚至是美团外卖画有小猪佩奇的小票单据都成了抖音的各大热门。

另外，"秘制、隐秘"话题主打独家、私密的意思，一般围绕自制调料、自制饮料、秘密酒吧、隐秘空间等载体展开。一般"秘制"这个话题能与餐饮紧密结合，独家配方能够迅速吸引用户的关注，从最开始的CoCo网红奶茶搭配到海底捞自制调料、益力多加雪碧等搭配，都是让原来平淡无奇的食物或商家焕发了新的活力。

2 CHAPTER　抖音营销怎么植入

"对自己好点怎么了"这个话题主要是围绕男女生间互不理解的购物兴趣展开，男生将自己买的球鞋、游戏机、运动套装晒出来，而女生则将自己的包包、口红、鞋子分享出来回击男生，将男女生之间购物兴趣的不同展现得淋漓尽致，很有话题性。

话题性让原本千差万别的产品，能迅速地引发视频受众的认同感并达到共鸣，从而让产品获得广泛的传播。我们发现，话题可能起源于某一卡通造型，可能起源于一组社会的矛盾，如北方与南方生活习惯的差异，男生女生购物趋向的不同或"单身狗"与伴侣间的行为差异等，又或者是生活中的秘密提示，无论是"神器""秘制"还是"隐秘"，这些话题都是这一个类别。

三、具有创意趣味性

具有创意趣味性的产品十分适合抖音的营销传播，往往这些产品能直接影响到视频的内容，让视频内容具备创意、趣味或搞笑的元素，与抖音的整体内容定位一致，能取得十分好的传播效果。例如，抖音的卖萌神器"兔耳朵气囊帽"，女生能伴随音乐的节奏，通过手来操纵帽子上兔耳朵的运动，趣味十足；魔性的"妖娆花"，有"抖音神曲＋魔性扭动"的双重加持让"妖娆花"风靡抖音，抖友们纷纷模仿它的魔性扭动；又或者是"打翻的星巴克""方便面生日蛋糕""猪肘抱枕"等恶搞产品也让年轻的用户过足了"整蛊瘾"，用户纷纷购买这些恶搞道具，参与到恶搞身边小伙伴的行列中。

对于具有创意趣味的产品，大众通常的评价主要是"魔性""成精""灵性""萌翻""整蛊强度MAX"。所以我们在衡量一个商品是否属于具有创意趣味性的产品时,可以对它现有的功能进行评价,看是否能够达到大众的评价标准。例如,小米 AI 音响,其本身的功能与趣味性扯不上关系,但是它具有与人智能对话的功能,能"放屁"、会"怼"人、跟你吐槽苹果的语音助手,这就会让你觉得这台智能设备已经"成精"了,从而认为这个产品智能且有趣。

四、具有实用性

具备实用性是目前很多抖音产品能够得到广泛传播的主要原因。过去,市面上直接推送很多优质、实用的产品给用户的渠道特别窄,主要通过淘宝的内容推荐,又或者微博微信中微商或导购达人的推荐,用户才能接收到。但是现在依托抖音充满随机性的推荐机制,使得原本那些性价比高、经济实用的产品能够直接被推送给大众消费者,而且这些商品自身的实用性,能很好地解决用户痛点,让用户将对痛点的认可转化为对这些产品的宣传推广。同时用户也会为这些实用性的产品打上"神器""网红产品"的标签,从而形成广泛传播。

这些具备实用性的产品之所以会让用户觉得实用,其核心是能够解决用户平日里面对的那些难以有效解决的痛点问题。例如,"纳米海绵擦"蘸水即可将平日难以擦洗的白鞋擦得洁净如新,解决用户清洁白鞋的痛点;"旅行门锁"简单的两个铁皮即可让酒店客房的门锁得严严实实,解决用户外出住快捷酒店安全锁门的痛点;"自拍杆手机壳"将自拍杆融入手机壳中,解决出门忘带自拍杆的痛点,等等。

五、具有仪式感

随着现代人生活水平的提高，人们逐渐开始追求生活的仪式感。特别是在抖音平台上凝聚的一、二线城市的消费人群，他们愿意花钱，用仪式来宣布某一段生活的开始或者结束。例如，在抖音上很流行的去西安喝摔碗酒，这是一种仪式感很强的习俗。分享摔酒碗的抖友们大碗豪饮，同时可以看到堆积如山的碎碗，而且搭配专属的背景音乐《西安人的歌》，视频的画面感非常震撼。同时，摔碗的动作也是一种心理暗示，岁岁平安也好，摔掉晦气也罢，无论是因为开心而摔，还是因为失意而摔，都极容易在受众群体中产生同频暗示，必然会产生互动和大规模传播。

品牌商如果有仪式感较强的产品，比如戒指、长命锁等，可以创造一些场景，打造让用户产生心理暗示的创意点，用仪式感包装自己的产品，把产品打造成抖音爆款。

在抖音上，往往只要满足以上五个属性中的其中一点，并结合属性创作出相应的短视频内容，就会获得广泛的传播，为产品带来不错的营销效果。

第 6 节 抖音营销植入怎么做？

随着抖音用户的持续增加，越来越多的品牌商与广告主选择在抖音上开展营销活动。那么，当下我们选择在抖音上开展营销活动，广告和品牌的植入都有哪些渠道呢？我们针对抖音现有的功能进行分析，总结了抖音七大营销植入渠道。

一、开屏广告

抖音开屏广告，是广告主针对抖音平台进行广告宣传最直接的投放渠道，开屏作为抖音 App 的第一入口，其全屏的广告投放能给用户带来强烈的视觉冲击,锁定新生代消费主力。

截至2018年抖音的日活跃用户量超6 500万人次,抖音短视频日均播放量超30亿次,有稳定且庞大的用户流量。另外,抖音用户十分集中,70%以上的用户为95后,且00后是抖音平台上的主力达人,七成以上的核心用户来自一、二线城市,具有良好的购买能力。可以说,在抖音平台上投放开屏广告相对于传统的社媒平台更具针对性,宣传推广的目标用户直指一、二线城市95后受众。

抖音的开屏广告采用全屏式呈现,落地页类型分为静态广告透出3秒、动态广告透出4秒以及视频广告透出5秒,支持纯展示或落地页跳转,其中页面跳转可设置直达链接、导流产品页面,或跳转抖音App内部页面与抖音内容或抖音达人进行深度互动。开屏页每日对每个用户最多可展示4次,且新用户在7天内不会看到开屏广告。目前,抖音已与荣威、京东、广汽本田等进行过开屏广告合作。

二、原生信息流广告

抖音的信息流广告是当前很多品牌主进行硬广投放的首要选择，信息流广告相较于开屏广告具有更强的互动属性，能够吸引用户对该视频内容进行点赞评论，实现广告内容的二次营销。抖音信息流广告，将广告主投放的视频广告在抖音推荐频道的信息流中进行展示，同时支持从视频广告点击跳转至广告主设置的落地页，帮助广告主在抖音实现营销推广的目的。另外，信息流广告还能天然地为其官方账号吸粉，并吸引用户积极查看官方账号原来曾发送过的内容，有利于官方账号的持续运营。

抖音的信息流广告投放位置位于抖音 App "推荐频道"上滑的第四位，广告时长为 5~30 秒，与日常的视频内容 15 秒的时间长度基本一致。广告的透出频次有一定的频控措施，抖音对外官宣时表示，每个用户每天最多看 1 条广告；每条广告对每个用户只展示 1 次。对于广告的内容，平台不支持各种形式的对同一素材进行重复投放，即同一素材最多只能投放 1 天，同时平台在广审行业限制基础上还禁止以下四个行业产品的广告投放：成人用品、视频产品、社区社交产品、拍摄工具。

信息流广告具有很强的交互性，用户能和投放的广告进行多项交互，能对视频内容点赞、评论以及转发，有助于形成话题热点，引发站内讨论，进行站外分享等。同时用户可对页面中的广告主头像、音乐专辑、客户昵称、挑战赛标题、视频描述、了解更多、右滑操作等进行广告跳转，或跳转参与抖音挑战赛、线上活动，实现营销闭环。

三、品牌主官方账号运营

随着抖音网红店的逐渐兴起,越来越多的品牌商家也更注重抖音官方账号的运营,抖音官方账号运营是营销成本较低且更具营销持续性的一种营销方式。这种营销方式侧重于整体品牌形象的塑造,为品牌主提供了一个与消费者直接沟通交流的渠道。而且这是一种相较于过去官方微信公众号与微博大V账号运营更具互动属性的客户关系维系渠道。抖音官方账号中的内容更生活化,打破了企业与大众用户间的生活壁垒,以视频的形式让大众用户直观地了解品牌公司的企业日常和企业文化,以及企业生活中不为人知的一面。抖音官方账号未来或将成为企业品牌包装、危机公关处理的重要发声平台。

品牌主官方账号既可以是个人账号也可以是经过认证的公司蓝V账号,两者的区别主要在认证后能放品牌官网、管理话题挑战赛内容,予以品牌、产品更多的宣传渠道。品牌主官方账号广告可在其账号的头像、昵称、简介中直接露出，另外在内容上可十分轻松地将品牌置于背景进行植入，在视频内容中所使用的道具、服装打扮、脚本台词都能植入品牌信息，而且这种植入处于公司氛围中，更易让消费者接受。

抖音上主流的品牌主官方账号有：小米手机、支付宝、京东、天猫、抖创意等，其中除了部分我们熟知的大品牌开通了蓝V认证外，其他的品牌商家均用个人号进行品牌的宣传打造，而且其宣传效果也十分出色，并不亚于蓝V认证的品牌大号。

四、创意贴纸

创意贴纸是指抖音用户在拍摄时，可在贴纸栏下载使用的特效贴纸，其传播渠道主要是用户拍摄时的信息露出以及使用该贴纸生成的抖音视频传播两种。贴纸与广告的结合，使广告的形式更加生动，结合人脸识别技术可以让贴纸广告更加妙趣横生。创意贴纸有以下几个突出的优势：①贴纸一般在原生场景下由用户主动使用，其接受程度高，互动时间长；②贴纸视频的分享，能起到示范作用，激发用户主动传播，触发二次使用；③结合人脸识别技术的贴纸广告，具有很强的可玩性，有助于提升品牌在抖音用户心中的好感度；④能通过动画呈现，直接展示产品效果，激发用户的潜在购买行为。

目前抖音创意贴纸主要包括4种呈现类型：2D静态贴纸、2D动态贴纸、前景贴纸、背景贴纸。4种类型的贴纸基本涵盖了在抖音上拍摄视频添加创意道具的需求，为品牌主的广告创意提供了更大的操作空间。抖音贴纸的展示逻辑

2 CHAPTER 抖音营销怎么植入

为：每款贴纸可连续 7 天上架，在前 3 天位于首屏第 4 位展示，在后 4 天位置将逐渐下移。且该款营销产品，并不属于抖音的标准化产品，无法保证宣传量，也无法通过第三方实时监测使用效果。

抖音曾与必胜客合作打造 #DOU 出黑，才够 WOW# 挑战，顺势推出必胜客定制贴纸，配合做品牌曝光，海量用户使用必胜客贴纸，在活动结束时，最终贴纸使用量达 61 500 次，贴纸相关的视频总播放量超 480 万次。

五、与抖音达人合作

在抖音平台上，有一群庞大粉丝用户的 KOL 被称为抖音达人。在抖音上与 KOL 进行合作，即指由抖音达人为广告主制作并发布商业推广视频的广告服务。抖音达人会根据品牌主的拍摄要求与提供的文字版视频创意脚本，进行短视频创作与拍摄，视频时长 15 秒，视频内容确认后，抖音达人会按照客户的指定时间在自己的抖音账号上发出。

抖音营销实战指南

与抖音达人合作主要通过抖音达人生成的视频内容进行传播，其好处是能够轻易进入推荐流中，成为抖音站内的原生传播，而且视频内容可用于其他平台的二次传播。与抖音达人合作，能够为品牌定制属于抖音调性的视频内容，依托于达人自身强大的影响力与创意能力，促使品牌营销内容更易传播。另外，抖音达人能够在内容中率先使用商家贴纸，起到示范效应，带动商业合作贴纸的曝光量与使用率的提升。

目前大量的抖音达人资源由抖音官方进行统一的管理，可直接通过抖音官方获取不同类型的抖音达人，官方对于这些达人的宣传推广有一定的管理保证，如设置的视频保护期，抖音达人个人页在5个小时内不得新增视频，且合作视频在保护期内处于置顶状态；合作视频可在抖音达人账号下保留三个月，进行持续传播。当然，还有一些民间的抖音达人，其影响力和粉丝数也不可小觑。

六、发起抖音挑战赛

抖音挑战赛是抖音王牌资源的整合，是由品牌与用户共同创造海量优质内容的传播途径。发起挑战是抖音特有的营销渠道，是一场以固定的挑战话题为核心的资源整合营销方式，主要包括以下五个部分：定制挑战、核心入口、达人互动、定制贴纸、音乐入库。

定制挑战是整场挑战赛的核心，挑战赛的内容、品牌宣传思路都将与挑战话题紧密联系，品牌商根据挑战赛的内容，制定主题，在挑战赛中确定品牌简介、品牌视频的植入。核心入口是大众用户参与挑战赛的渠道，一般包括抖音的开屏页、抖音发现页的页面广告、挑战话题、热搜以及挑战内容视频中的话题链接等，可以说进入挑战赛的入口设置十分丰富，有利于大众用户的广泛参与。

达人互动、定制贴纸、音乐入库是挑战赛的内容生成环节。达人互动指品牌主可在与官方合作的 400 多位抖音达人中进行自由选择，产出符合品牌调性、抖音风格的创意内容，由抖音达人作为视频话题的示范者，并将视频作品置顶。另外，达人还能在内容中广泛使用品牌商家的定制贴纸与特定音乐，起到示范效应，吸引大众纷纷参与挑战，使用品牌主的特制元素。定制贴纸、定制音乐则是为挑战赛增加了品牌标签，提高了品牌信息的辨识度。

2017 年 10 月，三星推出 C8 手机新品，主打年轻人群，以"我都是焦点"为产品口号，邀请三位人气嘻哈歌手共同代言助阵，推出《中国有 C 哈》定制歌曲。本次在抖音发起 # 我都是焦点 # 挑战赛，并配合定制音乐入库、定制贴纸等，进行了一波年轻潮嘻哈传播。最终产生原创视频数量 26 764 个，挑战视频总播放量超 1.37 亿次。

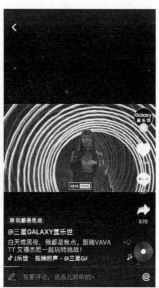

2017年10月,必胜客针对年轻用户推出了烤肉黑比萨新品,联合抖音进行了一次"线上+线下"的大型推广活动,以#DOU出黑,才够WOW#抖音挑战赛线上预热,线下活动"黑DOU必胜之夜狂欢趴"在上海引爆。360度虚拟霓虹餐厅实现线下落地,打造五大主题空间,有抖音达人与人气KOL现场对战,更有当红明星和舞团献艺,嗨翻现场。整场线下活动搭配着必胜客黑主题全系列美食,让现场的粉丝赞不绝口,活动深受年轻用户好评,快速打响了比萨新品的声量和认知度。视频话题最终吸引近3万用户参与,产生原创视频数量28 154个,挑战视频总播放量高达1.1亿次,超90%的视频内容为用户自发提供。同时品牌定制曲目《Black Magic》在QQ音乐、网易云音乐等平台播放量超过800万次,且发布当天进入了微博新歌TOP榜。

七、抖音嘉年华

抖音嘉年华是抖音开创的抖音达人年度狂欢,是一场专属于抖音用户的社

2 抖音营销怎么植入

交互动盛宴。2017年9月2日,抖音上线一周年之际,举办了第一届抖音嘉年华,来自世界各地近300位抖音达人纷纷响应参加,在线下举办了声势浩大的大型互动活动。抖音嘉年华将作为抖音全年最大盛会,每年一次盛大举办,届时将吸引来大量的媒体流量。

品牌商可以选择与抖音嘉年华这个大IP进行合作营销,作为嘉年华的冠名商参与,或者作为合作方以会场布置、节目合作、互动、嘉年华直播、定制音乐演绎等方式参与到嘉年华的盛宴中。

2017年抖音嘉年华线上预热阶段共产生线上原创短视频15 300条,视频总播放量超4亿次,活动现场产生挑战视频5 600条,总播放量超7 250万次。其中一加手机作为品牌冠名商,在抖音嘉年华中"花式"植入品牌广告。

第 7 节　怎么评估抖音营销效果？

广告主在抖音进行营销植入后，必须通过具体的数据指标进行评估后，才能对本次的营销效果有一个客观的认识，并了解抖音营销的传播效果与转化率。

根据我们上述提到的抖音上常见的七种主要营销植入方式，以曝光、点击、播放、互动等指标来综合评估营销效果。

一、开屏广告重点关注点击率

对于开屏页广告投放，我们可以通过其展示用户的数量来分析本次传播的范围，通过重点参考点击率可以估算出开屏页的转化率，从而了解到广告内容的营销效果。

二、原生信息流广告关注互动性

原生信息流广告投放的宣传数量可通过后台的用户浏览量进行实时监测，对于宣传效果应重点关注视频内容所引发的用户点赞数量、评论数量以及点赞转化率和评论转化率。若需要进一步分析用户讨论的积极性，可对用户评论内容进行进一步分析，分析破万点赞、评论数量等。原生信息流广告的转化率，则主要通过自带链接的点击率来进行评估。

三、官方账号运营应整体分析

品牌官方账号运营是一个持续性的营销行为，应该对账号整体运营效果进行评估，包括账号总粉丝量、总浏览量、总点赞数及总评论数，其中破万点赞视频数量及占比，破十万点赞视频数量及占比等，这些数据都充分体现了品牌官方账号的传播效果。另外，我们能够通过账号链接的官网、官方微博、活动挑战的点击率来评估其内容的转化率。

四、创意贴纸：生成内容是关键

对于创意贴纸的传播主要是看两个指标，一是贴纸的下载量，贴纸的下载量能反映贴纸的质量与用户对贴纸设计的认可程度；二是运用定制贴纸生成的视频数量，及视频所带来的播放量。贴纸生成的视频数量越多，其传播的效果越好，播放量越多，其受众越广。

五、与抖音达人合作：点赞与评论是评价重点

与抖音达人合作的优势就是其生成的内容具有创意性，更易被用户接受，所以在衡量与抖音达人合作内容的营销效果时，需重点分析该视频内容的点赞数与评论数，以及评论中破万点赞的评论数量。另外，还可以通过评论中涉及产品的评论占比，来分析实际形成的内容转化率。

六、抖音挑战赛：整体评估是关键

抖音挑战赛是一个综合性的资源整合活动，除了涉及品牌主官方账号运营、抖音达人合作、贴纸互动等具体专项渠道的评估外，我们对其整体的评估其实更为关键，整体的效果才能直接反映传播投入的实际效果。在传播范围上，我们能够通过参与挑战的人数、挑战赛原创视频数量以及挑战赛视频总播放量来评估。对于实际的转化率，可通过挑战页链接的点击率和品牌号粉丝增量来进行评估。

七、抖音嘉年华：活动宣传效果是重点

抖音嘉年华是一场大型的线下活动，因此关注的重点在于线上关于嘉年华视频的原创视频内容生成量及总播放量、线下活动总参与人数，以及活动所带来的社交媒体推文及关注量等。对于品牌在抖音嘉年华中的宣传效果，可通过用户调查与活动期间品牌的搜索指数、推广链接的点击量了解活动为品牌带来的实际转化率。

第3章

品牌商怎么玩转抖音?

第1节　品牌商怎么迈出抖音营销第一步？

一、"蓝V认证"是什么？有什么意义？

2018年，抖音已经成为广告商们争相开展营销活动的新阵地，几乎所有的品牌商都迷上了抖音营销，希望开辟自己的抖音渠道。"两微一抖"也逐渐成了品牌新媒体营销的标配。

品牌商如果想在抖音上做较为长期的营销布局，那么建立一个抖音官方账号势在必行。因为品牌官方账号运营是抖音营销中一种可持续化营销的重要手段，品牌账号通过源源不断地输出创意视频内容，能让消费者更生动直观地了解品牌，形成品牌的认同感，从而收获更多品牌的忠实粉丝用户。

目前抖音官方正为各大品牌逐步开放蓝V认证，帮助品牌官方账号获得基础认证或者高级认证，提供更多企业与用户互动的专属功能。那么，下面我们一起来了解一下蓝V账号。

蓝V认证是抖音平台面向企业端品牌商家开放的品牌认证通道，通过认证的品牌商家将获得蓝V标识，有助于在抖音站内树立品牌形象，推送的活动内容更具影响力和号召力。同时，抖音还为蓝V认证的品牌商家在简介页提供更多的互动功能，提高企业账号与用户间的互动性。目前蓝V认证主要分为基础认证与高级认证，高级认证相较于基础认证具有更多的互动功能，例如，电商、软件下载的页面跳转功能以及对话题挑战赛的内容管理与导流等。

2018年4月3日,抖音正式开启了品牌主页的蓝V高级认证权益。目前,抖音已正式对adidas neo、奥迪、小米手机和卡萨帝洗衣机等品牌商家进行了蓝V高级认证的内测,其中adidas neo于3月正式开展品牌主页合作,开始精细化运营抖音号。短短1个多月,就已经积累了121.5万个粉丝,视频播放量1.5亿次,280万次互动量(关注+点赞+评论),可以说效果十分出彩,运营数据远高于其他品牌商家。此外,小米手机、奥迪、卡萨帝洗衣机也通过各自品牌营销玩法收获了不错的效果。

伴随着越来越多的品牌号在抖音中获得巨大的用户流量,抖音对商家的营销价值也逐步凸显,抖音将以其短视频形式成为企业主除传统短图文平台微博、长图文平台微信公众号之外的品牌自有传播平台——视频博客(Video Blog,VBlog)。未来"微博-微信-抖音"这种双微一抖的品牌宣传矩阵将成为主流。企业在微博平台与用户进行短图文互动,通过微信公众号进行长图文内容发布,而在抖音上则进行视频内容的集结与互动。

蓝 V 认证是品牌企业进驻抖音的必备动作，下面我们来主要分析一下品牌主在申请蓝 V 认证过程中的三个步骤。

二、如何申请抖音"蓝 V 认证"？

企业申请"蓝 V 认证"仅需三步操作即可：

第一步：创建并确认抖音账号。在申请企业认证前，应确保已建立了抖音账号，且绑定了手机号码，账号的信息也应符合企业身份，无论是头像、用户名，还是签名均不能以个人身份申请认证。若暂无账号，官方推荐使用今日头条作为第三方登录方式创建抖音账号，将便于抖音内容在今日头条上分发。

第二步：进行企业认证申请。确认好申请认证的企业账号后，可进入抖音认证页面（renzheng.douyin.com），登录认证账号，进行认证。在认证页中填写认证信息,提交营业执照、认证公函等资质材料,并支付审核服务费用即可完成申请。

第三步:**待审核通过后开启认证**。平台方将在企业提交申请并支付审核服务费后的两个工作日内为企业完成审核,若在审核过程中遇到审核问题,将有专门的审核服务商与企业联系,确认企业资质或补充资质材料。在审核确认通过后的 1 个工作日内，平台将会主动帮助企业开启认证，届时企业账号将出现蓝 V 标识。

三、申请"蓝 V 认证"需要具备哪些资质？

企业申请必须准备的资质材料为企业主体营业执照彩色扫描件、认证公函加盖公章的彩色扫描件两项，若企业还有以下材料，也可提交，有助于提高企业认证效率：网站 ICP 备案查询截图、商标注册证扫描件、软件著作权证扫描件、其他品牌授权文件扫描件。

申请抖音企业认证的资质要求如上所述，审核公司不会要求企业提交其他资质或文件，且已提交的所有内容均只用于抖音企业认证。

四、认证申请流程需要多久，认证的有效期是多久？

根据平台规则，在企业成功提交认证信息与资质材料后，审核机构将在两个工作日内完成审核。若审核通过，将在 1 个工作日内开启认证。若审核未通过，企业需按工作人员提示修改或重新提交资料，若企业多次提供不实资料或在 10 天内未能提供准确的资料，则本次认证将被视为失败，企业只能在 30 天后重新提交申请。

由于抖音企业认证所开放的各项高级功能都依赖于认证资质结果，但是一年后企业资质证件、相关运营人信息可能出现变更。为了保证使用抖音平台高级功能权限的账号依然是合法可信的企业或组织，抖音企业认证的有效期为一年。到期后如需继续使用高级功能，需要再次申请认证。

五、抖音账号与今日头条账号间的联系是什么？

众所周知抖音是今日头条旗下的短视频第一品牌，很多品牌商家想理清楚抖音账号与今日头条账号之间的联系，以及两个账号间是否存在着互通关系。今日头条账号与抖音账号之间彼此是独立的，即使使用同一个手机号码也需要独立注册。但是我们能用今日头条账号关联抖音账号或以今日头条账号作为第三方登录方式创建抖音账号，进而能够实现今日头条粉丝用户导流抖音账号，助力企业快速完成账号加粉、冷启动以及抖音视频内容同步更新至今日头条平台，实现抖音视频内容跨平台发布。

抖音企业账号绑定今日头条账号后将获得三大特权：

（1）快速关联粉丝完成账号冷启动。若已拥有一个今日头条账号，并且今日头条账号中已有粉丝，则抖音账号完成与今日头条账号关联后，今日头条已有粉丝量会同步到抖音主页，助力企业快速完成抖音账号入驻冷启动。

（2）保障企业账号安全。当前注册抖音账号只有两种方式：手机号注册和第三方账号登录。手机号注册属于个人用户注册方式，若客户公司员工变更，账号将有安全隐患。除今日头条登录外的第三方登录方式，由于涉及第三方平台关联，信息拉取存在不稳定性。企业号通过今日头条进行登录，能有效规避个人手机号带来的变更风险以及第三方登录方式可能引发的信息泄露风险。

（3）抖音账号将拥有更多后台管理权限。抖音企业认证权益持续更新，除目前抖音客户端可见的页面优化外，会为客户提供更多账号管理功能，比如多维度账号运营数据、内容运营工具、粉丝运营工具等。账号管理功能复杂，无法在抖音 App 内实现，需要为认证客户开设 PC 端管理后台，管理后台的登录要以今日头条账号的形式登录，所以需要客户完成抖音与今日头条账号的关联。

六、企业"蓝 V 高级认证"怎么申请？

目前，品牌主页蓝 V 高级认证还处于内测阶段，抖音短视频邀请了 adidas neo、奥迪和卡萨帝洗衣机等品牌参与内测以验证产品效果。

第 2 节　抖音品牌号如何运营？

一、抖音品牌号的运营思路

抖音品牌号的运营思路可以从四个维度考虑：账号定位；内容风格；职能

分工；运营维护。

（1）账号定位。在建立抖音官方号后，首要考虑的就是品牌号的定位，品牌号将以怎样的身份与粉丝进行沟通交流，是作为官方短视频宣贯渠道，还是与粉丝们一起"抖"起来的官方抖友圈。这就意味着品牌商要确定在抖音上是要放低身段与粉丝一起"抖"，还是在抖音平台树立品牌的潮流酷形象。

（2）内容风格。抖音作为一个侧重于用户社交的短视频平台，其最吸引用户的特点：能够让用户从15秒的视频内容中了解到其他抖友的生活与趣闻，其手机满屏的短视频观看方式更加直观，给观众带来了一种身临其境的代入感，而这正是之前图文社交、长视频内容所无法比拟的。因此在运营品牌号时，应该时刻围绕着这一特点来对内容进行指引，确定品牌号的主角是谁，品牌号是作为第一人称的角色代入还是仅作为第三人称的发布渠道，内容是以品牌文化为主还是以产品透出为主，这些都是需要重点思考的问题。

（3）职能分工。在对内容进行定位后，运营团队需要根据具体的内容以及风格选择合适的制作队伍，其中包括摄影、主角、剪辑、配乐等职能角色。职能分工主要依据品牌方抖音团队的编制而定，既可以一人身兼多职，也可以一人负责多个专业工种，这就要看品牌号短视频内容的多少和发布频率。目前很多品牌商处于尝试抖音营销的阶段，投入不宜过大，当然也不排除有些财大气粗的品牌商想抢得抖音营销的先机，重兵布局也不失为过。

（4）运营维护。内容发布后，需要积极地与用户互动，对评论进行维护，还需根据平台的发展，动态地调整自己的内容风格，让自己的内容跟上抖音的发展，更符合用户的品位。

二、蓝V定位，具有强互动属性

品牌号的定位十分关键，特别是经过"蓝V认证"的品牌号将会是以一种品牌官方媒体的形象展示给大众。那么这意味着，品牌在抖音上的形象塑造将直接影响抖音消费者对于品牌或产品的认知。而且借力于抖音强大的互动属性，一旦企业品牌在抖音上建立了一个为大众所认可的品牌形象，该形象将会得到迅速的传播，成为品牌热点，进而转化为用户的实际购买行为。

对现有抖音的品牌号进行分析，我们发现目前抖音上的品牌号内容运营定位主要分为以下四个方向：

方向一：将品牌号人格化呈现

将品牌号人格化呈现，即将品牌号以第一人称的形式呈现给用户，通过视频留言为企业品牌赋予情感。虽然只是企业账号，但也有喜怒哀乐，有得意的瞬间，有低谷的失落，这些感性化的内容能引起观众的情感共鸣。下面我们以支付宝品牌号为例进行具体分析。

支付宝在抖音上主要塑造的是一个爱"卖萌"，爱"闹腾"，也爱"卖惨"的形象，最擅长的是"自黑"。一改支付宝在微博、微信的傲娇，在今日头条、知乎的严肃。支付宝目前所有的视频内容都是以第一人称视角来描述的，让受众觉得支付宝是一个具象化的形象，而且非常生活化，与我们没有隔阂。

在人物人格的塑造上,支付宝对每条视频内容的评论都会予以回复,与观众充分互动,而且选择回复的评论一般也是能够展示其人格化的评论内容,让观众认可支付宝品牌号的形象就是真实个体。

方向二：以话题角色运营品牌号

以话题角色运营品牌号，即品牌号以一个或一类固定的 IP 来呈现品牌内容，也就是我们俗称的核心 IP 运营。使用一个核心 IP 来运营品牌号能够让核心 IP 的形象与品牌紧密联系起来。例如，联想品牌号是由多才多艺的小姐姐来运营，用户对联想这个品牌的认识瞬间就多了青春、活力的认知。

目前在抖音上，"小姐姐"已然成为一个高频词，一个代号，甚至成为一个 IP，出现在抖音各种火爆的短视频中。联想品牌号的这种运营方式，不仅可以让品牌形象更加年轻化，还能快速融入广大抖友粉丝中。

打开联想的品牌号作品集，满屏都是小姐姐的视频，可以说联想小姐姐已经成为抖音品牌号中一个闪亮的标签，联想以每天至少 1 条短视频的频率进行抖音短视频发布，目前已发布了共计 547 个短视频作品，其数量远超其他品牌号。视频主要的内容以小姐姐跳舞为主，能够成功吸引到用户对其作品的喜爱，并使品牌号获得了持续性的关注，形成稳定的用户流量。

方向三：品牌诉求酷炫展示

品牌诉求酷炫展示，即品牌号根据其品牌特色、消费者需求和平台机制，精心制作相应的短视频内容，并在抖音平台进行信息流广告投放，其中代表就是adidas neo、奥迪。这种精心制作的品牌号官方抖音短视频，有很多是来源于品牌广告片的再制作，其内容质量本身就十分高，主角可能是广受欢迎的明星，再配合技术特效等，能够迅速地与站内其他用户原创内容区隔开来，吸引用户浏览，提升用户对品牌的认知。

在对视频的再制作中，涉及视频竖屏的加工呈现，以及抖音风的剪辑编排与音乐搭配等，让视频内容符合抖友们的口味，从而获得更广泛的传播。这种品牌号的内容风格，使其抖音宣传与品牌过往的宣传思路达成一致，不会产生由于平台差异所带来的品牌形象认知差异，让品牌形象更深入人心。

"adidas neo"以时尚穿搭的生活方式为主题，将品牌代言人郑凯、迪丽热巴、易烊千玺这些大流量明星在做品牌宣传推广时的素材进行再加工，先是采用同片头风格围绕郑凯、迪丽热巴、易烊千玺的视频素材，打造#生来好动#话题短视频。视频内容精美且符合抖音调性，迅速吸引大批粉丝受众点赞评论，adidas neo时尚潮流的品牌调性伴随抖音动感十足的音乐迅速留在用户心中。随后adidas neo打造#时尚训练营#主题，正式输出时尚穿搭内容，对合作明星的穿搭视频进行解析，带观众三步穿出潮流时尚，用创意、时尚占领街头，以话题系列的形式持续收获热爱潮流文化的年轻人。

方向四：品牌故事记录平台

品牌故事记录平台，是一种特殊的品牌号内容运营定位，专门用于记录企业内部的日常生活，以及大型品牌活动的幕后趣闻。这种运营定位更像是对原有品牌号的补充，或者是像一种快闪账号，让用户从多个维度了解品牌或企业本身,从形形色色的个体口中,了解到一个更加全面客观的品牌。

这类型的代表主要包括用于分享歌手后台故事的"湖南卫视歌手"、用于记录阿里人生活的"阿里巴巴橙色天空"等,这些品牌号能让用户从后台视角去了解企业,与由员工来展示段子、歌舞或是明星的台上展示相比,其更具真实感,用户能感受到更鲜活的品牌氛围,进而引发关注。

"湖南卫视歌手"是湖南卫视《歌手》节目建立的一个抖音品牌账号,视频内容伴随着《歌手》这档节目的进程展开,记录了每期节目的幕后趣闻,也有歌手们在后台无聊时创作的趣味视频,让喜欢《歌手》的粉丝们大呼过瘾。从某种意义上来说,"歌手"的品牌号更像是个快闪号,伴随着节目的结束而结束,但是恰恰由于抖音内容与节目内容的紧密结合,抖音内容获得了极大的关注。该账号的短视频内容几乎每条都有破万点赞数,而且决赛阶段的日期倒数视频也获得了十分好的传播效果,有效带动了《歌手》节目的观看量。

三、品牌号运营团队搭建

品牌号需要的是持续性运营,需要建立一支有明确分工的团队或是拥有专职的抖音营销人员,才能够持续性地输出品牌内容。因此我们需针对品牌定位组建与内容相对应的制作团队,并对他们进行一定的职能分工。

比如,我们可以把拍摄抖音短视频类比为拍摄一个微电影,若按拍摄微电影的制作流程来,应该需要:编剧、导演、摄影、录音、灯光、剪辑、美术包装、主角等人员搭配,人员的组成十分复杂。我们之前提及的 adidas neo,其内容之所以能给人强烈的时尚感,能够从众多的抖音内容中脱颖而出,正是由于它具备这样专业的制作团队。也就是说,我们在选择团队前,应该充分考虑最终要呈现的视觉效果,团队配置多少人,投入多少,都要与我们的目标相匹配。

抖音之所以能如此火爆,正是因为近几年手机的摄像功能大幅度提升,剪辑的门槛被抖音拉低,人们仅需一台智能手机就能录制出精美的视频内容。所以品牌商要持续运营一个抖音账号,仅需配置2~3人即可。拍摄抖音短视频主要涉及拍摄、编剧、角色这三个核心要素,企业在人员配置上可以根据投入预算参考以下结构:

高配抖音团队	中配抖音团队	抖音内容外包
IP角色	合适的群演	抖音运营
编剧	编导和主演	
导演		
投入维护		
摄影	摄影	
剪辑		
道具		
灯光		

若企业考虑通过外包的形式运营抖音品牌号,在人员设置上仍应安排一名抖音运营,负责抖音内容的把控,监督外包团队的内容质量,维持抖音内容与企业特征、产品特点的一致性。考虑到企业号内容需要充分的品牌展示,抖音

运营还需配合外包团队进行品牌场景的布置，保证品牌充分展示，以达到良好的品牌宣传效果。

四、品牌号内容持续产出

品牌内容的持续产出是品牌号运营的核心问题。要想持续产出符合品牌调性、产品功能的内容，就需要在了解自身品牌及产品功能的基础上，结合段子或时下热点，才能源源不断地输出为大众所喜欢的抖音短视频内容。了解自身品牌与产品功能，对于商家而言并不难，难点主要是构思段子、收集热点，以及将段子与产品进行巧妙的结合并拍出有趣的视频内容。

抖音的热点内容主要包括热点IP、音乐歌曲、套路剧情以及剧情反转四个创作方向，那么品牌号的抖音短视频内容创作和热点结合，就可以从这4个方向入手：

借势热点IP。热点IP是指在抖音中引发热议的卡通形象与人物形象，例如，代表"社会人"的小猪佩奇，舞姿奇特的派单员布朗熊，把人"蠢哭"的破坏王二哈，等等。这些IP元素是抖音中的专属语言，能迅速吸引观众的眼球。以"锤科视频哥"中发布的"锤子手机搜图功能＋小猪佩奇手表"短视频为例，该视频抓住抖音中十分火爆的小猪佩奇奶糖手表，通过小猪佩奇人物形象的露出能率先抓住用户的兴趣点。剧情上，女主角采用符合社会人风格的演绎，表达这表很贵，男主角买不起，从而引出锤子手机的搜图功能，成功将用户的注意力从小猪佩奇转移至锤子手机的功能上，为锤子手机着实吸引了一波粉丝。

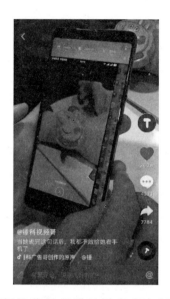

背景音乐创作。短视频的背景音乐是抖音内容创作中重要的元素之一，很多抖音的内容都是依靠音乐带动起来的，从一开始的"变身神曲""Antique Gucci"到旅游专用背景音乐"Please Don't GO"、"社会摇"专属配乐"Bomba"……这些音乐由于在抖音中的广泛运用，已经为抖友们所认可，而且里面容纳的信息量已经远远超出歌曲本身。

例如，我们听到"Antique Gucci"就能想到表演人物造型的突变，会在转折的节拍上充满期待；听到"Bomba"就能马上想到"社会摇"步伐，以及那份江湖气；听到"Samsara""Seve""Panama"等舞蹈神曲，脑海里就会自动浮现出对应的舞步来……产品功能假如能够与这些抖音的网红曲目结合，将会比较容易获得大家的关注，若在这些曲目之上设置一些反转与"无厘头"的创作，则更能够显新意。

以"支付宝"发布的一条"马云+海草舞"的短视频为例，视频内容主要将支付宝中的大流量IP马云与抖音爆火的曲目"海草舞"结合，其实内容本身只是马云在把玩支付宝里的一个玩偶，并没有十分出彩的部分，而"支付宝"通过对这段内容进行剪辑，略带"鬼畜"性质，将内容与"海草舞"相结合，打造出一种马云在跳"海草舞"的感觉，即围绕"恶搞自己老板、马云跳海草舞"两个主要话题点，使视频内容获得广泛传播。

套路剧情植入。套路剧情是抖音特有的一类故事内容，即抖友们在生活中自发创作的"撩"人套路，并且在抖音中获得了众多高颜值少男少女的跟风拍摄，进而形成一种抖音专属的"撩人文化"，并自带抖友们的文化认同感。例如，"小姐姐我有个东西要给你""可乐能加冰吗？我能加你微信吗？""你有打火机吗？"等套路成了抖音里一种特殊的剧情内容。

若产品能够与这种搭讪套路相结合，将会有出其不意的效果。在此我们举两个例子，首先是"湖南卫视歌手"中进行节目倒计时时，所使用的就是"小姐姐我有个东西要给你"的熟悉套路，"湖南卫视歌手"做的就是旧瓶装新酒，在同一个套路下将原本街上找的漂亮小姐姐换成了自带大粉丝流量的张韶涵，给的也不再是自己，而是递给了张韶涵一个麦克风，随后引出歌手总决赛倒计时。这是一种旧瓶装新酒的改编套路形式。

还有一种是原创的"撩人"方法，比如海底捞的帅气经理打折搭讪。在"海底捞打折搭讪"短视频中，海底捞的帅气经理主动帮女顾客打折，引来女顾客追问"为什么给我打折""是因为我好看吗？"，在帅气经理说"是"的时候，瞬间俘获大批女粉丝，而且经理打折搭讪属于一种与海底捞的人性化服务相结合的内容,既体现了海底捞服务的人性化,同时通过视频的地址定位也吸引了大批用户前去消费体验。最终视频点赞量破40W,评论破4 000,而且评论中的大量留言都在询问这家海底捞的详细地址,准备前往,可见宣传效果显著。

剧情反转。剧情反转是抖音中常见的内容类型,剧情的反转设置能够给观众惊讶感,有出其不意的效果,这类视频内容往往轻松、诙谐、搞笑,更容易被大众接受并传播。例如,自带反转的歌曲"Freaks"中魔性的"当当当当当当","Antique Gucci"变装神曲各种画风突变,网红店土耳其冰淇淋的顾客反套路抢冰淇淋,等等,都会让观众感到"猝不及防",形成深刻的印象。

例如,"锤科视频哥"发布的一条"锤子手机花式锁屏"的短视频,创意是这样的,老婆要求老公的手机锁屏是她,而老公心中有很多女神很矛盾,老公用老婆的锁屏表示忠心后,待老婆离开,手机瞬间显示出新垣结衣以及其他女星,还顺带调侃了小猪佩奇。

3 CHAPTER 品牌商怎么玩转抖音？

五、内容维护与动态调整

对于品牌号发布在抖音上的视频内容，需要做好发布后的内容维护，其核心是在评论中恰当地回复用户，其次是恰当地发布一些互动内容，通过内容来回复粉丝的热情或是催更建议。在回复评论方面，回复的内容与回复的频次都要与品牌号的定位结合起来考虑，比较 adidas neo、支付宝、阿里巴巴橙色天空这三个品牌号的评论情况，我们会发现明显的差异：

adidas neo 抖音号的姿态显然要高于其他品牌号，一般 adidas neo 不对视频内容的评论进行回复，整个账号的感觉更像是一个线上"T 台"，通过精致的"大制作"短视频将品牌时尚前卫的格调打造得淋漓尽致。评论里用户更多是表达自己对于明星的喜爱，很少与品牌号直接沟通，整个品牌号营造出一种明星风范。

支付宝品牌号的评论显然更加多元化、人性化一些，由于支付宝塑造的是第一人称的形象，所以其语言风格也是拟人化的，会专门挑符合第一人称设定的评论进行回复，逐渐将品牌号的人物性格塑造起来。阿里巴巴橙色天空由于是阿里巴巴旗下用于反映员工生活的抖音账号，所以品牌号的定位更像是一个展示生活的客服平台。在面对用户的评论和提问时，阿里巴巴橙色天空更多是充当一个客服的角色来回复用户，帮助观众联系内容主角，又或是解答用户提出来的关于阿里巴巴生活的一些问题。

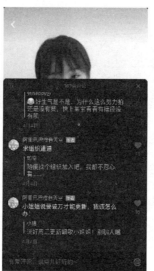

除了评论回复外，品牌号还能通过私信、引流官方微博等形式来维护与抖友们之间的联系，甚至针对用户的互动信息出新一期的内容。例如，抖音达人"戴晓琛"，通过一系列情景剧的剧情，成功给其上司塑造了一个湖南电视台"钢铁主任"的形象。戴晓琛与"钢铁主任"搭档获得了广泛的关注，该个人号除了内容生活化且IP具有吸引力外，对粉丝用户的维护也十分值得品牌商家们借鉴：①评论回复频次高且内容丰富，与粉丝充分互动；②发展道具周边，为粉丝开通寄送通道，数百粉丝为主任寄送棒球棍，形成粉丝深度参与；③对粉丝们的内容催更，制作专门的内容段子来回复响应。由此看来,发布后的内容运营以及用户的维护有很多的方法,还有待品牌号充分挖掘适合自己定位的方式。

最后,更为重要的是要根据平台规则动态调整自己的手法,像微博平台基本半年会进行一次比较大的调整,这个时候你还用一年前的策略,基本就是事倍功半。这也是为什么在 2016 年年底时,海尔的微博可以快速成长起来,就是得益于微博对评论功能的完善。例如,最近抖音新增加了图文功能,我们就需要去深度了解其背后的逻辑,把握平台的发展方向,这样才能跟着平台一起成长。

第 3 节 什么样的品牌适合在抖音营销?

一、抖音用户分布情况

据抖音透露,目前抖音用户 85% 为 90 后。但我们可以发现,许多视频中渐渐出现了不少中老年用户的身影。目前主要用户大致分为"活力时尚的95后""带动潮流的90后"和"年轻00后带动的80后"。

其中男女用户比例为4:6，同时70%以上核心用户（指高度活跃用户）来自一、二线城市。从用户分布情况来看，抖音的确是个适合营销的平台，毕竟存在大量的主力消费人群。

二、已入驻抖音的品牌

抖音的短视频宣传能让许多品牌形象变得立体化，品牌借助平台增加传播的互动性、趣味性，也使其影响力更有穿透力，比电视广告更能打动消费者。目前已吸引来首批蓝V商家入驻，首批品牌号在内容风格上进行了丰富的探索，其中按视频内容划分，可将抖音上现有的品牌号分为5类：以情景剧为核心的段子号、制作抖音专属内容的主题号、侧重于展示商家日常的幕后号、以创意硬广为主的传播号、导入TVC内容的推广号。

以情景剧为核心的段子号：支付宝、小米手机、淘宝、京东数科；

制作抖音专属内容的主题号：adidas neo、快看漫画、三只松鼠、联想；

侧重于展示品牌日常的幕后号：阿里巴巴橙色天空、湖南卫视歌手；

以创意硬广为主的传播号：奥迪、欢乐长隆、网易游戏、卡萨帝洗衣机、优衣库_UNIQLO；

导入TVC内容的推广号：马蜂窝旅游、携程旅行、PUMA彪马、Airbnb爱彼迎。

此外，我们对抖音上粉丝量破万的主流品牌号进行了部分收集汇总（截至2019年5月），可参考下表：

品牌号	粉丝量（万）	点赞数（万）	作品（条）	内容类型	内容风格
快看漫画	399	1469.1	129	抖音专属内容	漫画预告片
adidas neo	107.9	300.7	92	抖音专属内容	代言人主题视频
小米手机	344.1	1207.4	211	情景剧段子	小米产品结合的情景剧
联想	95.2	120.7	547	抖音专属内容	活动，创意舞蹈
淘宝	61.4	26	71	情景剧段子	以"淘公仔"为主的情景剧
支付宝	525.3	485.3	122	情景剧段子	创意视频，有趣有料
三只松鼠	162.9	775.1	272	抖音专属内容	三只松鼠抖音舞蹈
马蜂窝旅游	99.4	145	186	导入TVC内容	自制旅游节目导入
奥迪	44.1	295.6	132	创意硬广	汽车与高科技结合
欢乐长隆	32.9	292.5	393	创意硬广	游乐项目+抖音神曲
京东数科	21.8	132.4	32	情景剧段子	轻松的生活小段子
阿里巴巴橙色天空	8	32	88	商家日常	阿里巴巴员工的展示平台
网易游戏	48.1	234	152	创意硬广	游戏中的段子
携程旅行	44.3	227.7	146	导入TVC内容	TVC内容
卡萨帝洗衣机	4.1	61.7	37	创意硬广	用洗衣机做实验
优衣库_UNIQLO	89.9	25.1	298	创意硬广	针对店面爆品做抖音内容
PUMA 彪马	3.2	45.8	13	导入TVC内容	TVC内容

三、什么样的品牌适合入驻？

哪些品牌适合入驻抖音，这大概是诸多品牌主内心的疑问。比如："我们是卖家电的，怎么办？不像小物件能拿在手里，这怎么玩？"我们可以参考某品牌洗衣机的玩法,让"小哥哥、小姐姐"告诉你新的洗衣方法。

所以说,不仅是快消品,只要有脑洞,任何品牌都能在抖音上进行营销。

第 4 节 品牌如何在抖音进行营销?

一、发起挑战赛

发起挑战赛,可以通过抖音小助手或者品牌商自发创建一个挑战内容,通过邀请明星或者抖音红人来完成视频录制并进行分享,同时还可鼓励他们的粉丝加入挑战。

只要拍得好,能收割大量关注度,成名15秒,人人是主角。各种创意的互动性给了内容营销更多的可能,让品牌传播有了更多的空间。

二、增加曝光率

当然,仅仅发起挑战赛或许效果并不惊人,这时候就需要通过各种方式增加曝光率,吸引更多用户参与其中。方式如下:

开屏　　　　　发现页-顶部　　　发现页-挑战话题
　　　　　　　　　banner

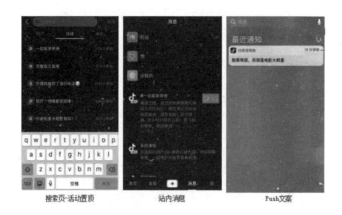

搜索页-活动置顶　　　　　站内消息　　　　　Push文案

三、打造人格化"段子手"

目前入驻抖音平台的蓝V并不是太多，按内容运营的规划来分类，有固定角色出现的人格化账号，有运营部的日常段子账号，有与抖音平台合作的快闪号，还有根据品牌定位的综合性账号。

快看漫画是较为典型的人格化账号，一直以来以两个漫画人物为主角，将漫画故事制作成短视频发布，与品牌自身契合度很高。

小米手机算是品牌中较早"上车"的，在抖音上也解放了天性，属于名副其实的段子手。小米手机已经在抖音里"收割"了 344 万名粉丝，将公司内部员工的幽默搞笑日常与小米手机的主打亮点融合，外加雷军和各路明星大咖们的加持，拍成抖音段子。比如 # 跟着雷总抖起来 # ：

四、TVC

为了在抖音投放开屏广告或是信息流广告而开设一个账号，可以将自己品牌的 TVC 编辑成竖屏直接发布至抖音上。此前 Airbnb 爱彼迎、京东、天猫、网易考拉、苏菲卫生巾、雪佛兰、哈尔滨啤酒等品牌都更倾向于此种方式。

五、主题型

根据品牌调性、消费者需求和平台机制，精心制作相应内容，并加以平台信息流投放，其中代表就是 adidas neo，以时尚穿搭的生活方式为主题，在抖音精心制作每一期内容，值得所有品牌商学习。

除此之外，或许你还会发现，adidas neo 的许多视频都非常"抖音"，但其实并没有加抖音的特效，而是自己制作的。

第 5 节　抖音官号能多"6"？

一、6 家最强官号分析

TOP 6 人格化定位的"支付宝"

品牌号背景：支付宝极其重视与用户在社交媒体上的交流，对微博、微信、知乎、今日头条等社交媒体进行差异化布局。支付宝未来将把抖音作为微信公众号、微博的补充，成为直接面对"95 后""00 后"受众的交流平台。目前支付宝在抖音共发布 122 个短视频，收获了 525.3 万 + 粉丝，485.3 万 + 点赞。

品牌号定位：支付宝账号是一个人格化的账号，在站内塑造的是一个爱自黑、爱闹的形象，最大的特点就是卖"惨"。支付宝围绕"惨"字创造生活中的趣味段子，带着用户一起玩一起闹，一起了解支付宝活泼有趣的一面。

运营特点：

（1）支付宝所有的视频均以第一人称的口吻制作视频内容，让受众们认可支付宝的人物形象，与粉丝之间形成平等交流，这种放低身段的运营方式深受"95后"的喜爱。

（2）支付宝大部分的视频内容以运营部的日常和支付宝新功能编辑成的段子为主，其视频内容主要由运营部的成员来演绎，内容的核心就是"惨"，抖音通过卖"惨"让内容的氛围轻松、诙谐，与抖音的格调相吻合。

（3）视频内容主要以企业文化的宣传为主，品牌植入多是通过公司背景、员工工牌来体现，都是很柔性的植入形式。

（4）支付宝善于针对抖音站内的热点不断调整自己的内容产出形式，从一开始的操作录像，到员工演绎段子、TVC转发，再到结合热点进行录屏、音频、视频等趣味内容制作，不断丰富内容，跟着站内热点进行更新。

明星案例分析：

支付宝中点赞量最高的短视频，共收获了25万赞，被称为支付宝视频内容中最惨的视频，此"惨"也正是大众对于支付宝品牌号角色的标签化认识。内容是一个构思精巧的段子，针对"领导会请一个没什么能力的人来鼓舞团队士气"观点展开，通过同事神情和领导眼神的配合，将一个有点"傻"的同事形象展现出来。内容中除了员工佩戴的工牌挂绳外并没有其他的品牌植入，但是却结结实实地将观众逗笑了，一个精心设计的段子让用户对支付宝的卖"惨"

留下了深刻的印象,并将支付宝封为最惨抖音官号。

TOP 5 主打小姐姐跳舞的"联想"

品牌号背景:联想虽然是一个老牌的科技公司,但是近年来将大量的资源投放到年轻用户的培育上。联想不仅邀请了高人气偶像来代言,全面展示了产品的年轻潮流特点,更快速结合年轻用户的心理和使用需求,推出了细分产品小新系列,成功抓住了大批年轻用户群体。而抖音恰恰是联想当下与"95后"年轻人沟通交流的新阵地。2017 年 9 月,联想就曾在抖音发起 # 放肆 show 自我 # 挑战,仅一天时间,活动区上传分享视频内容上万条,排名第一的视频内容获得点赞数超 3.6 万。截至 2019 年 5 月,联想手机品牌号已发布 547 个作品,收获 95.2 万 + 粉丝用户,收获 120.7 万 + 点赞。

品牌号定位:联想手机品牌号的核心内容就是小姐姐跳舞,通过高颜值的小姐姐演绎抖音中热门的舞蹈、手指舞以及创意梗,获得年轻受众的认可。

运营特点：

（1）联想手机品牌号的主角是青春靓丽的小姐姐，内容以抖音最火的舞蹈、手指舞、技术流剪辑等为主，纯抖音风的歌舞内容风格，具有较强的观赏性。但是缺少与用户的交流互动，用户仅仅是停留在看小姐姐跳舞的层面，缺少了必要的互动交流。

（2）品牌通过主角的衣服标识、背景墙的标识露出，而产品则更多是在技术流的剪辑视频中呈现，作为表演者展示剪辑技术的道具使用，与产品功能的结合比较弱，仅仅是在镜头中做一个简单的呈现。

（3）联想手机品牌号抖音的更新频次特别快，几乎是以每天一条的频率进行更新，与大多数选择以质量取胜的品牌号不同，联想手机采取的是走量策略，在平均每个品牌号仅不到50条视频内容时，联想手机就已经发布了371条视频内容，且视频内容点赞量在2 000左右。

TOP 4 产品与内容深度结合的"小米手机"

品牌号背景：小米是一家新兴的科技公司，其核心理念是"为发烧而生"，拥有大量的年轻粉丝受众——"米粉"。小米的产品重点面向年轻受众，其很多品牌营销、品牌理念都是围绕"90后"乃至"00后"的年轻用户打造的，因此对于抖音也十分重视，并成为抖音第一批内测的蓝V高级认证品牌号。小米手机共发布211条短视频，收获344.1万+粉丝，超1 207.4万次点赞。

品牌号定位：小米手机将抖音品牌号打造成一个展示自己产品的趣味平台，里面的内容形式多样，其核心是输出与小米产品功能深度结合的趣味内容，使用户的关注点回归产品本身。

运营特点：

（1）小米手机的视频内容形式多样，有功能录屏展示、TVC内容、段子演绎、动画呈现、照片剪辑等，而这些形式里一不变的就是有趣和融入产品功能这两个核心。小米手机是目前抖音中内容形式最多样的一个品牌号，这大大地扩展了品牌号的可玩性，相当于一个全能的展示平台。

（2）小米手机的内容与产品功能深度结合，与"联想手机"简单的产品露出不同，小米手机的短视频内容是围绕小米的产品功能进行的，对高清拍照功能推出摄影集、对镜头美颜功能推出趣味视频、对手机弹钢琴敲门推出录屏内容、对新的广告语推出调侃段子等，可以说每个趣味段子中都带有产品的深度植入。

明星案例分析：

"小米空气净化器+魔术揭秘视频"，为小米空气净化器套了一个魔术揭秘的壳子，以此来展现小米空气净化器强大的吹风能力。首先小米的员工将一个纸块很神奇地进行隔空悬浮，并且利用自己未接触的手来旋转纸片，让观众迅速联想到在魔术节目中看到的隔空控制的模式，不禁让人想要寻找牵引纸片的渔线。随后纸片吹落，魔术揭秘，让人出其不意的是纸片是通过空气净化器的风力悬浮在空中的，一来间接让用户了解到小米空气净化器的风力强劲，二来用小米空气净化器变魔术这个让人意想不到的创意给用户留下了十分深刻的印象。

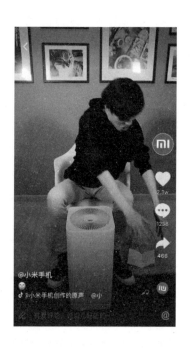

TOP 3 随节目而生的"湖南卫视歌手"

品牌号背景：《歌手》是湖南卫视旗下的王牌综艺节目，2018年1~4月《歌手2》重磅来袭，深受喜欢音乐的年轻受众喜爱，具有强大的吸粉能力，参与节目的明星星光璀璨,均拥有十分广泛的受众。而"湖南卫视歌手"就是在本节目的录制期间运营的一个抖音账号,期间一共发布有 38 个作品,收获了 100.3 万 + 粉丝,184.4 万 + 点赞,作为一个生存周期仅 3 个月的账号来说品牌运营能力十分出众。

品牌号定位:"湖南卫视歌手"主要作为《歌手 2》这档节目幕后内容的宣传平台,将明星台下有趣的生活以及鲜活的人物形象展现给大众,让观众通过台下更好地了解他们,也为观众们提供了更多追星、八卦的渠道。

运营特点:

(1)"湖南卫视歌手"的定位是《歌手 2》的幕后故事分享阵地,随《歌手 2》的节目而生,里面的所有视频内容都是伴随着节目的进程展开的。在每期节目中,一般会与当期节目打擂的选手进行抖音的配合传播,偶尔播放一下节目中的花絮内容,在临近决赛时与每位决赛选手进行倒计时互动。可以说该抖音账号为节目增加了极强的互动性,这恰恰是过去观众观看节目时所无法获得的,这也是该账号能够在短短 3 个月的时间里快速吸粉 180 万的原因之一。

(2)内容主打明星宣传,内容的主角选用参赛明星,他们本身就自带庞大的粉丝流量,因此在发出明星们的抖音视频后,有大量的明星粉丝点赞评论。

明星案例分析:

节目期间该品牌号最火的视频内容点赞量破 25.5 万,是张韶涵在刚开账号时领衔电视台众多工作人员齐跳"Freaks"的视频。视频上线时恰恰是"当当当当当"神曲"Freaks"最火爆的时间,"神曲 + 明星"的搭配迅速吸引来一众粉丝和沉迷抖音的抖友们一同点赞评论,整个内容的设置并没有像段子演绎那样丰满,但是伴随着"Freaks"强烈的音乐转折,和张韶涵一改往日荧幕形象的卖力"摇头"给了用户极大的新鲜感。

由此看来,歌手的品牌号之所以能火,除了自带大流量的明星资源外,懂得与抖音热点紧密结合,让明星的动作行为融入内容本身才是最能打动用户的点。

TOP 2 抖音专属制作的"adidas neo"

品牌号背景:adidas neo 是 adidas 旗下最清新的运动休闲品牌,核心理念是"生来好动",代表着乐观向上、动感十足、个性亲和、清新盎然、与时俱进的年轻趋势,主打新时代的年轻人。坐拥大量"95后"用户的抖音自然而然成为 adidas neo 的主营社交媒体平台,目前在抖音已发布作品92个,收获粉丝超107.9万个,超300万次点赞,是抖音平台第一批蓝V高级认证内测品牌号。

品牌号定位:adidas neo 主打年轻时尚的潮流认同感,为新时代的青年带来最时尚前卫的穿搭。adidas neo 在抖音上主打精致的时尚内容,对代言明星的宣传影像资料进行复刻,按照抖音风格进行重新剪辑,生成系列的精致短视频内容,提升了用户对品牌的认知度。

运营特点:

(1)adidas neo 的视频内容是抖音品牌号中制作最精致的一个,内容素材源于自家代言明星拍摄的宣传推广素材,原本的素材材料就是由专业团队拍摄的精美视频,之后抖音团队再对素材内容进行抖音风格的剪辑和编排,定向地对抖音用户发布。因此其转化率十分高,目前账号中每条视频内容几乎都有破万的点赞量。

（2）adidas neo 习惯于打造系列内容，目前已打造了两个内容系列，分别是 #生来好动# 主题片与 #时尚集训营#，每个系列都有代言明星各自单独的专属内容，以及所有明星一同出镜混剪的合集内容。这样一方面满足了各个明星粉丝们的追星需求，另一方面成系列的内容形式也能增加品牌内容的深度，更能凸显出 adidas neo 高端、时尚的品牌定调。

（3）adidas neo 品牌号与用户的互动相对于其他的品牌号而言十分少，导致用户更多地只能停留在留言支持喜欢的明星的互动程度上。

明星案例分析：

adidas neo# 生来好动 # 系列最后一只宣传短片，由迪丽热巴、易烊千玺、郑凯、张艺上、屈楚萧 5 个代言人帅气街拍组成，搭配快节奏电音的混剪，动感、时尚感都随着电音的节奏映射进了年轻用户的脑海里。尽管里面的素材内容在同系列各个代言人的分内容中已经有所呈现，但是品牌号以出色的影片剪辑技术，让角色在慢放的过程中快速闪回并加入适当的倒放手法，将五位代言人的街拍在充满紧张感、刺激感的电音配乐中穿梭，为观众带来了强烈的视听冲击，因此视频内容最终获得 30.4 万用户点赞，且评论内容反响强烈，各家粉丝纷纷到评论区留言。

TOP 1 二次元漫画预告片的"快看漫画"

品牌号背景： 快看漫画作为国内首个专注于移动端的漫画阅读平台，于 2017 年 7 月用户总量突破 1 亿、日活用户突破 3 000 万，为国内移动动漫市场用户渗透率第一高的漫画平台。快看漫画用户的年龄段主要为 13~25 岁，与抖音的用户群体年龄分布相吻合，故抖音已成为快看漫画的重点社交媒体平台，现已发布作品129个,收获399万+粉丝,1469.1万+点赞,视频平均评论破3 000,粉丝互动热情高涨。

品牌号定位:"快看漫画"打造精品漫画预告平台,为平台上精品的漫画作品进行动画制作,剪辑成为一部部有趣精美的漫画预告片,带领用户代入漫画剧情,吸引用户前往App下载订阅。

运营特点:

(1)视频内容全部采用动画形式传播,将短视频内容打造成漫画的预告片。二次元的漫画角色在抖音中可谓独树一帜,对漫画粉具有极强的吸引力。

(2)第一人称文字旁白介绍漫画设定。"快看漫画"的视频内容均通过文字旁白的形式对漫画设定进行介绍,这种漫画般的风格,能让用户获得正在看漫画的代入感。其次,第一人称的旁白设定,能带用户更好地进入故事剧情。

(3)视频内容采用图像定格动画的形式,并非让漫画故事真的成为动画,而是通过彩色插画的定格,形成动画的效果。这种方式能完好地保留漫画的风格,让用户直观地感受原著漫画的画风与人设,并且还能降低制作成本。

明星案例分析:

"快看漫画"中点赞量最高的短视频内容是《捡到只小狐狸》的宣传短片,这款内容短片的点赞量超81.2万,总评论数达2.1万。其内容分三个场景介绍了漫画的故事设定:场景一中男主角捡到一只狐狸,这只狐狸化身美女,双方相爱;场景二为男主角与女主角甜蜜、幸福地生活在一起;场景三则是男女主角由于卷入狐族恩怨而命运不知何去何从。视频通过短短三个场景将一段人类和九尾狐的奇幻爱情故事为用户呈现了出来,以吸引对奇幻、爱情设定感兴趣的漫画迷们。而且由于本漫画在发布该宣传片时正在进行第二季的创作，原本已拥有大量的粉丝受众，故宣传短片一出来便收获大批作品粉丝的点赞留言，大量的粉丝推荐吸引着漫画迷订阅试读。

二、最强官号带来的启示

上述汇总的六家抖音最强官号，代表着抖音当前最受欢迎的几类品牌大号，既有传统行业的潮牌、新兴的互联网企业、熟悉新媒体营销的硬件公司，也有火爆的电视栏目。它们都根据自身品牌理念和产品特点，对品牌号进行独特的定位，产出各具特色的专属内容。因此它们的强并不是粉丝数量、点赞数量的单纯体现，而是在抖音上率先进行营销尝试，形成了专属的品牌号特色，具有高识别度和粉丝黏性。

另外，根据上述分析，这六家最强官号有三个较具共性的参考点，值得其他品牌商参考：

（1）抖音专属内容和以情景剧为核心的段子是当前的主流内容。这六家品牌号中，支付宝与小米手机凭借幽默搞笑的段子脱颖而出，快看漫画、adidas neo 则是由于制作了抖音专属内容而火速圈粉。

（2）IP 明星对受众具有强吸引力。这一点在 adidas neo 和湖南卫视歌手中得到了充分证实，adidas neo 以明星的高颜值主题视频能快速吸引一大批明星粉丝，湖南卫视歌手则是走幕后路线，充分利用用户对明星台下生活的好奇心，通过明星的台下逗趣，形成明星的人设差异吸引用户关注。

（3）无论硬广软广，好看有趣就行。其实在这些官号的内容中，不乏很多硬广内容，产品直接露出，包括很多小米手机的短视频内容从一开始就在进行手机的展示，但相较于微博、微信等平台的宣传方式，用户对这种直接的营销方式没有特别在意。因为视频内容为用户提供了场景化的假设，让产品的出现显得更顺理成章，不易引起用户的不适感，很多看上去硬邦邦的产品营销，由于内容精彩有趣，依旧获得了大量点赞和评论。

第4章

抖音爆品是怎样炼成的？

第1节 抖音内容怎么打造才能火？

在抖音上，想要打造火爆的短视频内容，首先必须要懂以下几点：

一、什么时间段发内容比较好

作为新媒体平台，抖音和微博、微信一样，也有用户活跃时间段。只有了解了用户的活跃时间段，并选择在用户活跃时间段发布短视频内容，才能达到事半功倍的传播效果。曾有专业人士对抖音一天总共2万多条短视频的数据进行了深度分析，梳理出了一些关键数据。

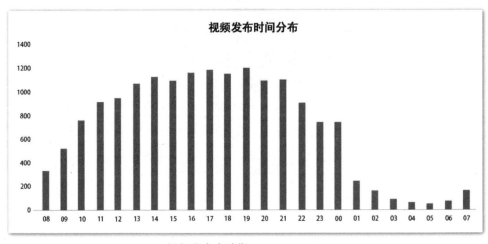

视频发布高峰期：13:00~21:00

将上图统计的用户发布视频的时间段，结合相应时间段用户的点赞量和转发量，最终得到下图数据，这样可以比较精准地统计出用户的活跃时间分布。

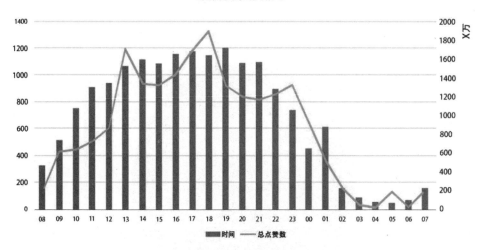

点赞高峰期：13:00 和 18:00

所以抖音用户最为活跃的时间段就是每天的 13:00 和 18:00。

二、什么样的内容易于在抖音传播

通过对目前抖音上比较火爆的视频作品进行研究，我们整理出了一些热门短视频的标签。大家可以参考这些视频标签去创作抖音短视频作品，分别是：舞蹈、才艺、模仿、搞笑段子、特色景点、炫技能、励志、搭讪小姐姐／小哥哥、整蛊、正能量、挑战。

三、突破 1 000 个点赞量很关键

在抖音平台上，我们知道有流量池，并且这个流量池是一个层层叠加的机制，一条优秀的短视频内容的传播如同打怪升级般在流量池中层层突破。只要你的短视频质量足够好，平台会自动分配十万播放量级或者百万播放量级。视频所处的流量池级别是由用户对视频作品的反馈决定的，如果视频在原有流量池中用户的点赞、关注、评论、转发等数据达到一定的数值,那么该视频就会被推送到比当前流量池更高一个级别的流量池中。

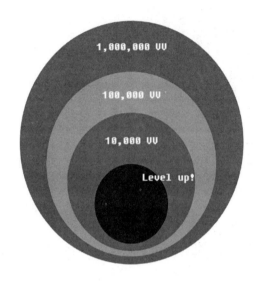

抖音的算法机制,会计算你前面1 000个点赞率,如果你的转发量和点赞量(比例)高的话,平台会再推送下一批流量给你,形成一定的潜力效应,能够让视频更易获得传播,因此前面1 000个点赞量很关键。

四、抖音短视频怎么引发二次传播

引发二次传播的核心点,一是利益方面的吸引,这种吸引用户传播的方式有很多,比如微信朋友圈的集赞送奖品、转发有礼等,抖音也有类似的做法,像此前抖音上火了一段时间的"点赞领红包"活动,就是典型的"利益驱动"引发二次传播。

除了利益驱动外，我们还可以从社交货币价值的六个维度做文章，归属感（Affiliation）、交流讨论（Conversation）、实用价值（Utility）、拥护性（Advocacy）、信息知识（Information）、身份识别（Identification）。

1. 归属感

在抖音上有很多抖友们自主发起的抖友组织，包括过山车组织、老头观光团、赤赤大军等。这些组织为抖友们在茫茫无尽的信息海洋中带来了归属感，让他们找到了对同一类内容感兴趣的圈子，甚至能够以圈子的形式攻陷抖友的评论区，挖掘抖音的乐趣。

2. 交流讨论

交流讨论是社交媒体最核心的要点，也是抖音视频能够获得二次传播的关键点。抖音视频的交流讨论除了基本的评论外，还新设有"话题挑战"和"音乐专辑"这两个活动互动模式，使得创作内容能以多元化的方式向大众传播，形成更具互动性的二次传播效果。

例如，斗鱼直播平台网红主播"冯提莫"为自己的原创曲目《佛系少女》配上抖音手势舞，并发起了#佛系少女手势舞#的挑战，最终促使首发视频获得430万点赞，共有4 293位抖友参与了话题挑战。更夸张的是随着背景音乐的传播，该《佛系少女》音乐专辑被超过280万人使用作为作品音乐，二次传播效果惊人。

3. 实用价值

实用价值既涵盖了推荐的产品具有实用性，又包括了能够解决人们生活中痛点的奇思妙想。例如，利用生活中常见的日用品制作特效的清洁剂，或者是下面这位抖友分享的哄小孩吃药的妙招，通过挖空旺仔牛奶包装盒换上口服液的方法，让小朋友顺理成章地吃药。小朋友在吃药后一脸疑惑的样子也十分有趣，因此引爆该条内容的同时，也吸引了大批受累于宝宝不愿吃药的父母亲自测试。

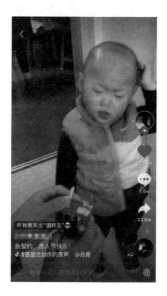

4. 拥护性

拥护性主要是指铁杆用户为品牌商品站台，不遗余力地向他人推荐自家品牌或内容。大量热门视频在推荐产品后，会有感兴趣的用户对产品进行测评，对于测评效果好的产品,将通过"抖音同款""抖音没有骗我"等标签对这些推荐产品自发地做出二次宣传。例如,站内十分火爆的海底捞秘制蘸料,便吸引了上万用户到店尝试。大量用户为秘制蘸料录制传播视频,并在文字区向其他抖友们确认配方的真实性,以"抖音真厉害""抖音强大"等标签强调这个配方是从抖音获知的,加强了该配方的站内认同感。

5. 信息知识

在这个知识付费的时代,科普类的理论知识、社会经验、生活技巧都能够吸引用户参与学习,并向他人分享自己的知识见解。视频中的相关信息知识,能有助于观看的用户学习及分享,例如美食网红"爱做饭的芋头SAMA"制作的料理视频,往往会吸引一大批用户在评论区主动将美食视频以@的形式,告知身边的好友,形成二次传播。

6. 身份识别

抖音作为一个年轻群体的发声平台，本身带有很强的圈子认同感，抖友一词也正是热爱玩抖音的年轻人对彼此的称呼。可以说，抖音中很多获得二次传播的产品或内容都结合了这份认同感，加强了抖友们的身份识别效应。

如配合抖音的暗号"滴滴滴"，抖友们在马路上以车载喇叭互对暗号，收获了极大的关注量。还有在汽车上粘贴抖友专属车贴，让抖友的身份属性更易识别，目前各款抖音车贴在电商平台上销量惊人，受到了抖友们的追捧。同时，越来越多的抖友们跟风购买并制作相关的抖音内容，向站内的用户表明资深抖友的身份。

五、如何利用抖音从外部引流？

在抖音内部吸引的流量如果还无法满足你的需求，则可以利用抖音的"粉丝+"功能，关联今日头条、西瓜、悟空问答等账号，那么我们的抖音短视频内容就会同步发布在关联的平台上，并且账号之间的粉丝也可以共享。

如果你有一个流量不错的今日头条账号，就可以将具备黏性、信任度的抖音小视频同步发布到自己的今日头条账号上，这样就开拓了新的流量来源。如果你的今日头条账号有认证，还可以通过今日头条账号外来精准投放你的抖音小视频，让更多的受众人群看到。

另外，品牌商录制的魔性的、带有推广性质的抖音视频，虽然目前无法直接分享到其他社交平台，但是仍能将抖音视频保存下来，发送至微博及微信等其他社交平台，收获不错的有效流量。

第 2 节 抖音的爆款产品有哪些？

一、抖音真的有"带货力"吗？

抖音之所以能成为营销行业的新宠儿，是得益于它强大的传播力和无形之中的带货属性。而这两点是由抖音自身的平台基因和用户使用抖音时的状态决定的。抖音的平台基因是基于算法的智能推荐，讲究内容为王，只有优质的短视频内容才能够成为平台热门，才能被推送到广大的用户手中。这就要求广告主的内容首先要以创意为出发点，其次才是品牌信息的露出，相较于过去传统的硬广或硬植入，保证了品牌植入与视频内容的高度结合，自然更易让观众接受。

当用户进入其他平台还停留在"看热点资讯""做打卡任务"时，抖音上的用户却在欣赏别人的美好生活，或是好玩搞笑，或是漂亮的小姐姐小哥哥，又或是新鲜的事物推荐……而这些恰恰是"杀时间"的重要元素。抖音轻快、趣味的短视频内容，让用户处在一种放松、随机、无意识的状态下。在这种状态下，受众对植入信息会以更自然、甚至好奇的心态去了解这些品牌或产品，比如主动到评论区问东西在哪儿买的、产品还有什么功能之类的，让"种草""入坑"发生在无形之中。

在抖音上，不少抖友会分享自己从电商平台上购置的"抖音同款"商品，并在留言区写"这是抖音'骗'我买的第 50 件商品"之类的，反映了抖音给用户带来的隐形"入坑"感受。而很多商品也出乎意料地火遍全站，但其实我们从抖音的平台基因和为用户营造的观看状态上分析，就会发现这些爆款商品的火爆既是意料之外，也是情理之中。"意料之外"，是因为这些商品并未像传统产品那样在电视、互联网上打任何广告,甚至有些都不是用户日常的刚需用品。"情理之中",是因为这些产品在站内做到了与有趣内容的高度结合,用户并非为这款产品的功能买单,而是为趣味、好玩,为视频的创意买单。

二、抖音爆红货品特点分析

最初的抖音内容几乎都由用户生产,以模仿视频为主,魔性的音乐加上酷炫的特效,而用户自制内容中,少不了一些产品的植入和入镜。乍看之下,被抖音带火的商品五花八门,甚至有些稀奇古怪,但如果仔细分析,会发现它们有一些共性。

基本特征:

1. 产品受众锁定年轻消费者

抖音目前已经成为"90后""00后"彰显自我的舞台,他们喜欢潮流或者炫酷的物品。像戴森吸尘器也很火爆,多样的吸尘器功能很吸引人,但是如果分享到抖音就红不起来,因为吸尘器的目标对象不是年轻人,所以在抖音上面火爆的商品,必须是年轻消费者爱玩的东西。

2. 产品性价比高

当下焦虑的年轻人愿意通过新鲜的东西来找乐子。更有甚者,一些人通过花钱排解焦虑和寂寞。如果是低成本的东西,他们更加随意。在抖音上火爆的商品,均价100元以下,都不会太贵,不用花大价钱就能买到好玩的东西,何乐而不为。

3. 有创意、好玩

年轻人喜欢创意,喜欢表达自己,他们使用的商品也必须要有创意、好玩,商品属性可以恶搞,比如明星搞怪面具,适用于任何场景,在接亲的时候,新娘带上恶搞面具，当新郎揭开面纱的时候，出现的是某位明星的样貌，这样惊险而刺激的视频场景只需要一个面具就能实现；商品属性也要新奇，比如可以吃的 iPhone X，包装盒里面装的不是苹果手机，而是巧克力，送给朋友时，打开盒子的体验感从惊喜到失望，让人觉得有趣，这样的商品自身引发的内容就可以支撑一个视频的创意，不需要额外的创意点。

注意，需要推广商品的时候，一开始一定要提炼出商品最厉害的创意属性，引发一波狂潮后，可以持续开发其他的创意点。只要你的创意能满足抖友们的需求，引发讨论和话题，你的商品就会火爆。

4. 实用有价值

如果商品没有新奇好玩的点，那起码要有一定的实用性才能在抖音上大火。比如自拍杆手机壳，充当手机壳的同时还可以变形为自拍杆；又比如切菜神器，切菜再也不用害怕伤到手。这些商品都戳中了抖友们日常生活中的痛点，能让他们获得一定的新技能和好处。抖音上还有很多提升生活技巧的产品，都获得了广泛传播。

5. 猎奇

从心理学角度来讲，大家都喜欢新奇、新鲜、好玩或者可爱的东西。就拿"小猪佩奇社会人手表"来说，它根本没有手表的时间功能，打开手表包装里面居然是奶糖，惊喜总是那么猝不及防，"这既可爱新奇又好玩"。小猪佩奇其实跟"社会人"本身是没有关系的，但在偶然的情况下被捆绑在一起，就建立了某种基于身份的象征意义。有人说，"可能这就是所谓的用童趣来瓦解复杂社会吧。"

三、30款抖音爆红货品收录

（价格仅供参考）

序号	名称	出现场景	火爆原因	呈现方式	价格
❶	小猪佩奇系列产品	情景剧装饰，舞蹈歌舞视频	"小猪佩奇社会人"的形象	内容结合	17元
❷	跳舞音乐妖娆太阳花盒	跟宠物互动，搞笑视频	造型魔性，配合音乐扭动带感	内容结合	55元
❸	兔耳朵气囊帽	小姐姐配音乐舞蹈用	卖萌神器，捏了能动的耳朵	内容结合	55元
❹	藏戒指手翻书	情侣表白视频	能给情侣带来惊喜，创意商品	内容结合	35元
❺	自拍杆手机壳	货物推荐，展示使用	自拍杆+手机壳，有创意	货物推荐	56元
❻	手动打印标签机	货物推荐，推荐展示使用	能够打印标签，实用，有创意	货物推荐	58元
❼	卡巴林	弹奏多首曲目	体积小，给人易操作印象，商品火但是转化率不高	内容结合	138元
❽	"吃鸡"平底锅挂饰	随着背景音乐"大哥别杀我"进行"吃鸡"演绎	"吃鸡"势头强劲，平底锅是里面的主要IP	内容结合	18.9元
❾	汽车挂饰玩偶	很多抖友会对车中的玩偶摆造型，有喜剧效果	玩偶有创意，很多车主愿意买来装饰汽车	内容结合	43元
❿	抖音音乐贴	抖友马路上对暗号"滴滴滴"	找到圈子的归属感	内容结合	10元

抖音营销实战指南

（续）

⑪ 经典手机壳游戏		出现场景：货物推荐，推荐展示使用 火爆原因：能玩经典游戏的手机壳，有创意，有情怀，实用可玩 呈现方式：货物推荐		39元
⑫ 撒钱枪		出现场景：炫富视频，恶搞视频 火爆原因：有创意的玩具 呈现方式：内容结合		25元
⑬ 尖叫鸡		出现场景：恶搞视频，萌宠视频 火爆原因：特别的尖叫声 呈现方式：内容结合		10元
⑭ 情侣手模DIY		出现场景：秀恩爱视频 火爆原因：非常有纪念价值，可以做成装饰 呈现方式：内容结合		46元
⑮ 打翻的星巴克模具		出现场景：恶搞视频 火爆原因：制造饮料打翻的错觉 呈现方式：货物推荐		29.9元
⑯ 毛驴电动录音玩具		出现场景：搞笑视频，萌宠萌娃视频 火爆原因：会学说话、会唱歌，还会走路。可作为玩具，也可以"秀恩爱" 呈现方式：内容结合		39.9元
⑰ 大牌口红		出现场景：恶搞视频，搞笑视频，化妆视频 火爆原因："威胁"女生的最好方式，让女朋友瞬间乖乖听话 呈现方式：内容结合		225元
⑱ 明星搞怪面具		出现场景：接亲视频，恶搞视频 火爆原因：伴郎伴娘不都是帅哥美女，也有可能是"尔康和雪姨" 呈现方式：内容结合		10元
⑲ 切水果神器		出现场景：美食视频 火爆原因：切水果再也不用担心伤到手 呈现方式：货物推荐		9.9元
⑳ 名创优品谷百合香山		出现场景：货品推荐 火爆原因：大牌香水的平价替代品，亲测味道一模一样 呈现方式：货物推荐		9.9元

CHAPTER 4 抖音爆品是怎样炼成的？

（续）

21 布朗熊装扮套装	出现场景：恶搞视频，求婚视频 火爆原因：求婚，花样发传单必备单品 呈现方式：内容结合		74元
22 莲花盘眼影	出现场景：恶搞视频，化妆视频 火爆原因：史上最全颜色眼影盘 呈现方式：货物推荐		168元
23 惊喜爆炸盒子	出现场景：求婚或者表白视频必备 火爆原因：浪漫合影，中间位置还可以放礼物 呈现方式：内容结合		68元
24 蘑菇头表情包	出现场景：恶搞视频 火爆原因：魔性表情包，表达个性态度 呈现方式：内容结合		28元
25 妖狐面具	出现场景：装扮视频，恶搞视频 火爆原因：妖狐化的神秘感 呈现方式：内容结合		9.9元
26 擦鞋海绵	出现场景：货品推荐 火爆原因：擦鞋海绵也能玩出新花样 呈现方式：货物推荐		9.9元
27 煎饼器	出现场景：美食视频 火爆原因：煎饼器的"一万种"玩法 呈现方式：货物推荐		99元
28 可以吃的iPhone X	出现场景：恶搞视频 火爆原因：iPhone X 包装盒里装的不是手机，而是巧克力 呈现方式：内容结合		55元
29 猪脚抱枕	出现场景：恶搞视频 火爆原因：史上最丑的抱枕 呈现方式：内容结合		26元
30 可以定制文字的可乐	出现场景：浪漫表白视频 火爆原因：可任意定制文字，制作属于你的可乐 呈现方式：内容结合		10.8元

综合来看，我们常说的一个词"网红基因"，在这30款爆红产品中都有体现，小猪佩奇手表对应的是"不贵，猎奇"，名创优品香体喷雾对应的是"不贵，实用，效仿性"，自拍杆手机壳则是"实用，好玩"，相对较低的投入成本以及在体验之后的高收获感（这绝对是抓住年轻用户的一个大招），让这些产品很快成了抖音爆款。

随着小猪佩奇的火热，很多人纷纷在淘宝上搜索"小猪佩奇"，希望拥有小猪佩奇同款手表，这也成为从抖音出走到电商的现象级案例。

抖音上出现的爆款商品，比如妖娆花、情侣手模、喷钱水枪等在电商平台上都成了爆款。而机灵的商家会在商品名称上加"抖音同款"关键词进行推广，有的卖家称，突然爆发的订单量，让自己都懵了。

抖音不仅提供了一种新的娱乐形式，也逐渐创造了新的商业形态。从素人网红、爆红商品、音乐、电视剧，再到品牌商，平台上的多元形态、社交氛围，还有很多商业价值可被挖掘。

据了解，抖音正在测试品牌的直播带货功能，可以实现商品的边看边卖。如何把产品花式植入视频，用什么方式炒热自己的产品，这是所有品牌商需要考虑清楚的问题。

第3节 抖音网红店"红"在哪？

抖音强大的营销能力随着一款款淘宝爆品被卖断货、一间间网红店排起长队被强有力地论证了，因此也吸引了越来越多的商家对网红店在抖音的运作过程进行分析，希望从中找到打造网红店的秘籍。为此，我们对抖音目前火热的网红店进行了分类总结：

一、美食 DIY，亲测秘制配方

关于吃，我国自古就有"民以食为天"的说法，对食物的做法、吃法都十分考究。因此怎么令食物更好吃，顾客们对此乐此不疲，小到油碟调料碟的制法，大到鸡、鸭、鱼、鹅的做法火候都体现着我们对美食的不断追求。而很多网红餐饮店，正是凭借着顾客在吃方面的钻研和独门配方，在抖音上广泛传播，吸引了一大批消费者亲身测试，体验前所未有的美食吃法。这类网红店的代表主要有：CoCo 奶茶、海底捞火锅……

1. CoCo 奶茶：DIY 独家好喝搭配

营销背景：创立于 1997 年，是已经有 20 多年历史的全球连锁品牌，CoCo 奶茶是年轻消费者中的经典品牌，它没能赶在 2017 年的奶茶热潮成为喜茶、一点点那样的网红爆品，但却在 2018 年凭借一份用户的秘制菜单火遍抖音，成为抖音最早的一批网红店，重新成为年轻人关注的焦点。

营销历程：CoCo 奶茶的抖音营销源起于一名普通用户"徐大坑是个大坑"分享的一个 CoCo 奶茶配方，这段短视频在抖音上发布后形成病毒式传播，收获了 20 万个点赞，观看视频的用户纷纷来到最近的 CoCo 奶茶店亲自测试。随后这款隐藏菜单仿佛打开了消费者前往新世界的大门，成了微博在晒、朋友圈在刷的网红饮品，引发全网热议。紧接着，CoCo 奶茶挑战顺势推出，吸引了大批用户参与挑战。此后，网友们围绕 CoCo 奶茶的产品，又陆续研发出了多款

CoCo 隐藏菜单，成为抖友们争相尝试的新品，最终在市场的检验下，两款网红奶茶成为 CoCo 的门面产品。

产品解构：在奶茶下单时，用户能够自己 DIY，对奶茶饮品进行选择，对奶茶的配料、糖分、冰量进行定制化下单，这正是隐藏菜单得以诞生的基础。用户在对奶茶的搭配中，找到了非常好喝的搭配，便形成了这一个个秘制菜谱、隐藏菜单。其中，经过市场检验后 CoCo 最火的两款饮品是：网红套餐 1：焦糖奶茶 + 布丁 + 青稞 + 无糖 + 冰；网红套餐 2：奶霜草莓奶茶 + 椰果 + 珍珠 + 冰。这两款奶茶都是"剑走偏锋型"，一般焦糖奶茶不会添加青稞，而奶霜草莓奶茶选取的配料也不会这么复杂，在这种复杂搭配下形成的美味饮品，极大地吸引了顾客亲自尝试，体验那种 DIY 独创美食的快感。

营销亮点：DIY 秘制美味、群体认同感、层出不穷的隐藏菜单。

CoCo 奶茶隐藏菜单的关键是为顾客提供 DIY 的素材，让顾客在原有饮品的基础上，通过配料的搭配让一杯普通的奶茶变成独家的好喝搭配，让用户在搭配出美味饮品的同时收获那份研究搭配的喜悦感。这种秘制配方恰好满足了抖音里年轻受众追求与众不同的心理需求，通过一杯独家秘制的饮品展现出自己的不同品位，还能在录制抖音后通过分享找到站内有共同嗜好的圈子，而这两点都能直击年轻消费者的内心诉求。

在第一款网红套餐搭配"焦糖奶茶＋布丁＋青稞＋无糖＋冰"引爆后，围绕CoCo奶茶诞生的其他网红套餐陆续涌现抖音，"鲜百双响炮＋微糖＋正常冰""鲜芋青稞醇牛奶＋红豆＋去冰""奶霜草莓奶茶＋椰果＋珍珠＋冰"等独家配方成为顾客们跟风尝试的搭配，顾客在体验中将好喝的菜单发到站内推荐给其他抖友们，自发形成一种研发、跟风尝试、推荐的产出系统。最终，一款"奶霜草莓奶茶＋椰果＋珍珠＋冰"从众多餐单中脱颖而出，成为CoCo奶茶的第二款网红爆品，收获了第二波用户流量。

2. 海底捞：DIY最好吃蘸料碟

营销背景：海底捞也是一家有20多年历史的火锅品牌，凭借着人性化的服务和亲民的服务风格深受用户的喜爱，成为当下热门的餐饮品牌。海底捞一直以优质的服务收获大量用户好评，原本就是口碑爆棚的餐饮品牌，在2018年凭借秘制调料碟走红也是意料之外，让这家老店成为年轻人喜爱的网红店，为老店在年轻用户中的拓展起到很大作用。

营销历程：海底捞的抖音网红路从一碟小小的蘸料开始，最早的蘸料碟秘制菜谱已经淹没在海量的抖音视频中了，但是站内的内容中依旧充斥着大量点赞破百万的海底捞蘸料碟跟风作品。在站内随着一则"辣椒油＋花椒面＋泰椒＋

抖音营销实战指南

豆花酱＋耗油＋盐＋葱＋芝麻油"的蘸料配方流出，大量海底捞的就餐抖友们纷纷跟风试吃，获得海底捞"最好吃蘸料碟"封号，引爆全网。紧接着，在海底捞粉丝们的钻研与推荐下，抖音各种隐藏菜单、"神操作"层出不穷，包括用冰块去牛油、用黄瓜片防串味小技巧、史上最便宜番茄牛肉饭、鸡蛋虾滑油面筋……一时间海底捞在抖音成为即刷即有的站内爆品，不断刺激着抖友们前往线下店亲自测试一番。

产品解构：火锅具有与生俱来的 DIY 属性，所有的食材几乎都是生的，需要用户亲自煮熟，其相对于 CoCo 奶茶而言具有更强的可玩性，毕竟奶茶只是饮品，而火锅做的是料理。纵观海底捞的多款爆品，可以将这些爆品分为两类，一类是美食做法，另一类是吃法技巧。在美食做法上，不但有类似于 CoCo 奶茶般的蘸料碟的 DIY 搭配，更有对食材进行创意烹调的特别料理，用户通过对海底捞提供的多款食材进行搭配，如将调料区的免费牛肉粒与番茄锅底的番茄汁、常见的便宜白米饭进行搭配，制作出"史上最便宜"番茄牛肉饭粒；将常见的食材油面筋、虾滑、鸡蛋进行组合，将虾滑鸡蛋放入油面筋中，再煮成独树一帜的火锅料理。

这些 DIY 料理彻底激发了用户对火锅食材的探索，提高了年轻用户对火锅料理的追求，不再是将各种食材简单的涮锅煮熟，而是尝试在现有的烹饪条件下做出一道道别具风味的料理，让喜欢追求新奇酷的年轻消费者沉迷其中。另外，一些实用的吃法技巧也为顾客打开了新世界的大门，帮助他们解决了过去牛油、蘸料串味的痛点，也因此成了顾客尝试模仿的对象。

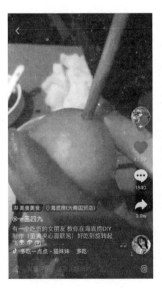

营销亮点：深入研发 DIY 吃法、配合抖音热潮改进菜品。

海底捞 DIY 方面的营销创意与 CoCo 奶茶具有很强的相似性，因此我们不再做冗述，而针对海底捞的独特营销亮点进行分析。鉴于火锅比奶茶具有更深的可玩性，海底捞在蘸料碟意外走红后，并没有仅仅停留在蘸料碟的搭配上，毕竟无论再出多少款风味独特的蘸料碟，其主营业务依旧是火锅，需要将用户引导到吃火锅上才是关键。而海底捞为我们提供了一个很好地将用户从一个网红店热点，过渡到另一个主营业务热点的例子。

在各种抖音隐藏菜单爆红后，海底捞迅速做出反应，先是为用户的制作提供极大的方便，加大了牛肉粒、做鸡蛋用的纸杯、筷子、米饭等食材和工具的供应量，随后海底捞的服务员们纷纷学习抖音菜单，学会制作网红菜品，为用户提供便利，最终这些菜品成了海底捞的特色菜，对线上生成的菜品予以肯定和支持，线下用户纷纷为海底捞的人性化服务点赞。

二、奇趣玩法，不止于吃

除了美食本身吃法讲究外，有一类网红美食店凭借着超出食物味觉之外的奇趣玩法成功吸引了大量顾客购买体验。这类网红店往往在美食之外提供附加的服务，为用户带来有趣的购物体验，这类网红店的代表主要有：答案奶茶、土耳其冰淇淋和摔碗酒。

1. 答案奶茶：可以占卜的奶茶

营销背景：答案奶茶是抖音上一路"拔草"、野蛮生长的纯抖音网红品牌，是在2018年以前所未有的速度成长起来的最红奶茶店，仅用两个月时间，就从零门店扩展到249家加盟店，成为抖音奇迹。

营销历程：在2018年1月初，90后女生秋涵在抖音上拍了答案奶茶的第一条爆红短视频，只见她对奶茶问道："奶茶你说我除了长得美，还有什么优点？"掀开杯盖，奶茶给出"一无所有"的答案。这条带着强烈"自黑"的短视频内容迅速蹿红，获得44.8万的视频播放量，这杯号称能"占卜"的奶茶迅速击中了顾客们的猎奇心理,评论区一时间涌现大量询问实体店地址的用户,各路代理商纷纷评论留言表达合作意向。

次日,秋涵再次发布类似的短视频内容,结果真真正正成了爆款内容,视频播放量破883万,点赞破24万,评论区有超5 000条评论,用户纷纷留言"求签问卜""询问加盟",答案奶茶的疯狂生长也正式开始。1月13日,答案奶茶正式落户郑州二七万达广场,一开业便遭遇"史诗级"长队,与此同时,全国各地的加盟商蜂拥而至,仅一天时间便有8 000多个加盟咨询电话,截至2018年3月,答案奶茶加盟店确定共计249家。

产品解构:答案奶茶的主要特色集中于能够对用户给出的问题,给予独到的回答,答案在奶茶的奶盖上浮现。答案的实现主要涉及两个关键点:一是对用户差异化的问题给出独到且富有创意的回答,一开始所有的答案可能都是来源于用户的创造性,之后可能是通过AI技术进行答案输出;二是答案在奶盖上的呈现,是通过3D食物打印机实现,通过这款机器能够将店员想好的答案或AI输出的答案,打印在奶茶奶盖上。以上就是答案奶茶能够输出答案的基本原理。

营销亮点:产品卖点突出打造、"毒鸡汤"答案获广泛传播、线下再反哺线上。

答案奶茶之所以能够实现在抖音站内的疯狂生长,主要凭借与营销深度结合的产品打造与抖音内容的成功打造。首先在产品上,答案奶茶主打的卖点是"奶茶占卜",整个订购奶茶的过程都紧紧围绕"奶茶占卜"展开,从一开始用户在专属的杯托上写上自己的问题,到拿到奶茶后,奶茶上设置了揭秘贴对答案进行遮挡，揭开揭秘贴的过程就是一个求卜的过程，整个订购过程充满了占卜的仪式感，仿佛是真的在向一杯奶茶询问答案一般。

其次，答案奶茶的抖音营销内容设计得简洁明快，兼具"自黑"和趣味。在对"占卜"这一亮点的呈现上，短短的15秒时间内并没有奶茶店制作的任何透出，而是直接展示奶茶效果，也跳过了任何写问题的过程，采用直接向奶茶提问的方式进行询问，然后自行揭开揭秘贴获得答案，形成了一种剧情效果。这种简洁的内容设计让人们联想到白雪公主询问"魔镜魔镜，谁是最美丽的女人"这种设定，将奶茶直接成为类比魔镜般的角色，突出了奶茶"占卜"这一特色。另外，奶茶给出的答案不走寻常路，是一种带有"毒鸡汤"性质的答案，而这恰恰能够迎合年轻用户喜欢与众不同的心理，充满趣味、嘲讽的"毒鸡汤"答案在年轻用户中迅速传播开，成为一条条抖音爆点视频，形成持续性的视频热点，不断地刺激顾客到线下体验。

在答案奶茶成为抖音爆款的同时，答案奶茶开始着重于抖音的站内运营，各分部成立专属的抖音账号，答案奶茶创始人秋涵的账号定期发布有意思的问题解答以维持答案奶茶的热度。截至2018年12月，答案奶茶最大的营销号已累计有35.9万粉丝，117.8万点赞。答案奶茶独具创意的问题答案，促使线下购买的用户在站内进行再分享，并且借助答案奶茶的IP效应，这些视频内容能获得大量的点赞量，进而大量的用户原创内容不断推动着答案奶茶的二次传播，将抖音线上用户导流到线下购买奶茶，再以用户原创内容产出的方式反哺线上，实现持续不断的话题热度。

2. 土耳其冰淇淋：最难吃到的冰淇淋

营销背景：土耳其冰淇淋是抖音中常刷常有的内容，不同于答案奶茶的从0开始，土耳其冰淇淋很早就已经在全球享有一定的盛名，而其真正在中国火起来则是在抖音上，一家家在抖音上产出着高质量视频内容的冰淇淋店成了顾客体验的主阵地。

营销历程：土耳其冰淇淋并非一个纯粹的连锁品牌，而是对所有做土耳其冰淇淋的店铺的统称，土耳其冰淇淋成为网红爆品是从旅游胜地厦门鼓浪屿的马尔马拉冰淇淋店开始的。在鼓浪屿游玩的用户，将马尔马拉冰淇淋店的工作人员做冰淇淋时逗乐顾客的短视频内容发到抖音上，然后一些高质量的视频渐渐涌现，陆续获得了破万、破十万的点赞量，直到其中一个用冰淇淋戏弄小朋友的视频在站内获得破400万的点赞量后彻底火了。随后，凡是去鼓浪屿的抖友们都会去马尔马拉冰淇淋店认识一下这位帅气的土耳其男人，跟他在冰淇淋店门前斗智斗勇一番。随后全国各地的土耳其冰淇淋门店成了无法去到鼓浪屿的顾客们争相体验的线下入口，一些非马尔马拉门店的奇趣内容也大量涌入抖音，随着一个个抖机灵式的破百万点赞视频的诞生，土耳其冰淇淋成为站内的现象级产品，时刷时有，常刷常有。

产品解构：土耳其冰淇淋是世界上最坚韧、最有嚼劲的冰淇淋，也是世界上唯一能用刀叉吃的冰淇淋。正因为这种特殊的食品材质，在销售时，销售员能够轻松地将冰淇淋在制作中随意摆弄，进而逐渐成为一种在用户购买时，戏弄、逗乐用户的冰淇淋技法，让用户面对触手可得的冰淇淋却拿不到，这极大地增强了购买土耳其冰淇淋的乐趣。土耳其冰淇淋的两大产品核心是冰淇淋本身材质的坚韧，以及店员出神入化的逗弄技巧。店员的逗弄方式各式各样，让土耳其冰淇淋成为"最难吃到的冰淇淋"。

营销亮点：高颜值帅哥、打造"最难吃到的冰淇淋"、多样玩法丰富线上内容。

马尔马拉土耳其冰淇淋店之所以能够率先引爆，其原因是店长马尔马拉本人是一名帅气的土耳其人，与抖音侧重于高颜值内容输出的风格相一致。很多去鼓浪屿游玩的游客正是冲着帅气的店长和他熟练有趣的手法而去的，毕竟戏弄顾客这种事，还是养眼的帅哥做更能让顾客心情愉悦地接受。

土耳其冰淇淋最大的卖点并不是冰淇淋本身的味道，而是在购买冰淇淋的过程中需要与店员斗智斗勇。在视频中，我们发现购买冰淇淋时我们往往需要跟制作的店员进行好几轮的博弈，自己的手总是无法触及近在咫尺的冰淇淋，又或是即使碰到了也是空的雪糕筒，没有比这更绝望更有趣的玩法了。因此"最难吃到"这个点迅速成了抖友们争相论证的点，希望亲自去尝试一下，看看自己能不能率先抓住冰淇淋。

土耳其冰淇淋从引爆到现在已经有好几个月的热度了，跟一般的网红商品、网红美食相比，具有极强的持续性。而这需要归功于土耳其冰淇淋技艺的创新性，即制作的店员们对土耳其冰淇淋的技法不断创新，能够针对不同的用户打造差异化的整人方案。例如，他们面对小朋友时常常将冰淇淋藏在手后，让他们寻找一番；针对年轻人则多采用"反复横跳"躲避他们的抓捕，或是一大块冰淇淋放上去而让他们想拿又拿不到……而这些创新的手法也不断地激发用户的反套路措施，所谓"道高一尺，魔高一丈"，很多慕名而来的抖友们都是带着提前准备好的反套路过去品尝的。这些不断迭代的创新技艺和反套路内容让土耳其冰淇淋能够源源不断地输出独具创意的抖音内容，让土耳其冰淇淋的热度不断延续下去。

3. 摔碗酒：摔碗带来的快感

营销背景：摔碗酒是西安永兴坊的一种特殊的米酒喝法，与土耳其冰淇淋有些类似的是摔碗酒也并非特定的连锁品牌，但是它确是西安永兴坊的区域特色，在全国也算是独此一处的特色旅游项目。在成为抖音爆品之前，游客们去了永兴坊才知道摔碗酒，而在抖音"一战成名"后，摔碗酒成为西安旅游不得不体验的旅游项目，永兴坊顿时门庭若市，热度一度超过西安特色景点——回民街。

营销历程：摔碗酒的营销历程是随着西安在抖音上的火热而开始的。最初，西安的蹿红是以"食"闻名，西安作为老牌的旅游城市，兵马俑、回民街、永兴坊、钟楼鼓楼都是游客耳熟能详的城市地标。游客们对于这座千年古都并不陌生，但是对这座城市沉淀多年的特色美食却知之甚少，因此"食"成为西安在抖音上率先发声的阵地。西安人将永兴坊的摔碗酒、醉长安的毛笔酥、回民街的羊肉泡馍、洒金桥的鸭蛋夹馍、小兵马俑AR代言的冰峰饮料等打造成了抖音站内的热门内容。最终摔碗酒伴随着一首《西安人的歌》，在壮观的碎碗堆中成为抖音无数条破十万、破百万点赞的内容，唤醒西安抖友们对西安这座城市的依恋，《西安人的歌》也因此成为各大音乐网站的热门曲目。

产品解构：摔碗酒相传源起于土家族，象征着兄弟间的友谊团结，将碗摔碎，以泯恩仇。如今伴随着清脆的摔碗声，摔碗酒是摔走烦恼，摔走晦气，摔走心中的不愉快，释放压力，摔出豪迈，摔出福气，摔出吉祥象征。摔碗酒的产品设计十分简单，即用户在碎碗堆旁购买一碗酒，然后饮尽，将碗摔在碎碗堆中，而后碎碗形成了壮观的碗堆。

营销亮点：《西安人的歌》、城市印象、摔碗带来的快感。

所有摔碗酒的热门视频无一例外都选用了《西安人的歌》这首饱含西安人文风情的城市歌曲，一首城市歌曲作为背景音乐，带给观众的已经不单单是视频内容本身，而是将视频中的事物与西安这座城市挂钩，进而将摔碗酒打造成城市记忆，一个外地游客对西安的城市印象。针对西安这种文化底蕴深厚的旅游城市，这种打造无疑是成功的，一座古老的城市伴随着一首朗朗上口的歌谣焕发了新一代对它全新的认识，而摔碗酒也成为认识这座千年古都的重要环节。我们可以看到这首《西安人的歌》在抖音音乐中被用户不断使用，其中原版音乐已被38.4万人使用，是当之无愧的抖音神曲。其中，摔碗酒是这首城市歌曲应用得最多的场景，从侧面也反映出摔碗酒已经成为西安城市印象的一部分。

摔碗酒借助城市的文化宣传获得了巨大成功，但为什么摔碗酒能够代表西安的文化，有资格成为西安城市印象的一部分呢？这就要从摔碗酒与城市文化的本身出发了，摔碗酒的抖音内容中，将摔碗的动作和摔碗后的碎碗堆这两个意象放大，让观众能够直接从摔碗的力度和堆积成山的碎碗堆中感受到西安人的豪爽，是一种摔碗的力量宣泄，而这在繁华的城市中恰恰是最难得的。因此外地的游客热衷于用尽全力地摔碗，摔掉生活中的不愉快，摔掉生活中的苦闷。

三、特色美食，慕名而来

还有一类是利用饭店中令人拍案称奇的菜品制作抖音内容，吸引用户慕名而来的网红店营销模式，包括西安醉长安的毛笔酥、哈尔滨胡同里的创意菜式、会转的龟煲、鹅卵石烫熟的九秒涮乌龟……

1. 醉长安："妙笔生花"的毛笔酥

营销背景：醉长安是西安的一家特色饭店，主打中国唐朝文化，是当地一家小有名气的餐饮店，随着一个点赞破百万的毛笔酥视频走红抖音，醉长安成为国内游客纷纷"种草"的旅游地点，大量游客慕名而来就为了尝尝那道"妙笔生花"。

营销历程：醉长安的营销历程十分简单，借助西安城市印象在抖音站内铺开，一位抖友"杨乾洲"将醉长安的一道特色菜"妙笔生花"中的毛笔酥分享给大家，短视频配合着《西安人的歌》这首红极一时的网红音乐获得大量传播，获得破 170 万个点赞，成为该音乐专辑点赞第二的短视频内容，仅次于摔碗酒，因此借势成为西安城市印象的一部分，成为抖友们游遍西安所必去的餐饮景点之一。

产品解构："妙笔生花"是醉长安自创的美食菜品，由毛笔酥、苹果酥、核桃酥三样酥点组成，其中毛笔酥的造型和吃法最吸引人，毛笔酥由形似毛笔头的酥点与毛笔道具两者组成，挂在笔架上仿佛是真的毛笔一样逼真。其吃法也十分文雅，食客拿毛笔，如蘸墨般蘸取酱料后食用，虽是吃饭，但却满满都是文人墨客的诗意，因此观众们纷纷"种草"。

营销亮点：与西安城市印象深度结合、特色吃法表现到位。

醉长安与摔碗酒一样具有十分强的西安城市印象，随着一首《西安人的歌》走红全国，由此可见借助一座城市文化包装进行的美食营销对观众具有巨大吸引力，很多游客之所以要去醉长安也不单单是觉得这个菜品多新颖好吃，而是希望借着去这个地方品尝这道菜品了解到西安的特色,感受这座城市的魅力。而恰好,"妙手生花"与唐朝长安城的文人诗韵紧密联系,因此也成为游客感受西安历史的不二去处。

在所有与毛笔酥相关的抖音视频中,"杨乾洲"的短视频作品之所以能够收获破百万的点赞数,是因为在视频中,他能够将毛笔酥的吃法演绎到位,而不是简单地把关注点放在毛笔酥的造型上,真正地做到了形神具备。随着他拿毛笔,将笔尖蘸上砚台的调汁,然后送入口中吃掉,由于食物造型的神似,因此也营造出了一种,前面准备舞文弄墨,后面却"神转折"吃饭的奇趣效果,将毛笔酥的乐趣体现出来,引得观众纷纷点赞分享。

2. 胡同里:奇葩菜名 + 创意摆盘

营销背景:胡同里是哈尔滨的一家特色烤肉店,凭借着千奇百怪的菜品造型和菜名蹿红网络,"老婆我错了""男人靠得住"等奇葩菜名一听就让人捉摸不透,想要点单看看,菜品兼具好吃、好玩,令人印象深刻。原本只是当地的小网红,在抖音的传播下,成为一家被全国抖友"种草"的大 IP。

营销历程:由于胡同里原来在哈尔滨也是小有名气的烤肉店,因此在各路美食内容爆红抖音后,很多抖友也纷纷将胡同里的美食分享到抖音上。胡同里的美食都是造型奇异且具有观赏性的,因此先是"气泡羊排""男人靠得住"等各大单品在抖音中爆红,随后由于单品多了,抖友们纷纷做起了美食合集,将各大单品集合分享,多个视频收获破十万点赞数。

产品解构：胡同里出名并不是因为单一菜品，或是菜单各菜品的创新，综合分析下来，其产品的创新方向和爆点主要集中在三个方向：①菜名创新，为每个菜设计一个特色的菜名，形成一种视觉上的转折，比如"男人靠得住"这道菜，看到菜名顾客也感觉云里雾里，一上来才发现是多个猪造型的面点挂在树上，该名字运用了大众熟知的俗语；②菜品造型创新，如鱼状的奶酪甜点、神似盆栽的巧克力慕斯等；③加工过程创新，很多菜品上来是半成品，配合特色道具，通过简单的加工如浇汁、铁板烘烤等，增添食物的乐趣，如用熨斗煎牛排、浇汁成长笋等。

营销亮点：创意菜品持续创新。

胡同里给所有美食商家提供了一套产品创新的新思路，即在设计菜品时多从菜名、菜品造型、加工过程三个方向进行创新，为营销提供创意素材，又或者是从这三面着手，对现有的菜式进行造型、吃法的改进，吸引年轻消费者。

四、网红景点，出游必去

除了上述三类主要的餐饮类网红店外，抖音站内还涌现了很多吸引用户在假期出游时想要到访的网红景点。这些网红景点各具独特性，需要用户到现场才能够感受和体验，如上海迪士尼乐园酒店、重庆洪崖洞、中国版"天空之境"……

1. 上海迪士尼乐园酒店：精致设计让粉丝梦回童年

营销背景：上海迪士尼乐园酒店是上海迪士尼度假区内的一座迪士尼主题酒店，是上海迪士尼度假区的标志性酒店。上海迪士尼乐园酒店拥有鲜明的迪士尼故事主题，提供丰富多样的娱乐活动、美食飨宴、购物体验及其他休闲选择，在蕴含中国魅力和特色的同时为宾客带来"唯有在迪士尼"的独特体验。

营销历程：上海迪士尼本来就是上海的标志性景点，因此自带流量。这次上海迪士尼乐园酒店的火爆，主要源于用户在抖音上对上海迪士尼乐园酒店客房新奇梦幻的床头板的视频传播。

产品解构：一般情况下，酒店客房的床头板只是一个普通的装饰物，但是上海迪士尼乐园酒店却将酒店的床头板进行了专属的定制设计。他们将客房大床两边的床头板做成了一个大型的灯饰板，只要客人触发床头板的开关，便会有一束灯光仿佛施放魔法般，从《小飞侠》中叮当小仙女的手上，从左边缓缓飘到最右侧的城堡，对城堡施烟花魔法，"点燃"城堡周围的灯，仿佛城堡在夜晚中放着绚丽的烟花。

该款床头板主要是将 LED 融入设计中，将 LED 的灯光包装成小仙女施放的魔法，以及城堡上空的烟花，成为酒店中一个令人意外的奇妙惊喜。同时，这个设计与迪士尼《小飞侠》的故事结合，整个施魔法的过程与故事中小仙女施法术的过程一致，给用户更强的代入感，能够在惊喜中找寻童年印象。

营销亮点：精致打造、惊喜呈现。

迪士尼乐园原本就是千万游客到访寻找童年的巨大城堡，因此每一个细节的打造都是对童年时光的追溯。又或者说成人之所以要去这个充满童真的地方，就是要在乐园中找寻自己逐渐消逝的童真，在一个个惊喜的细节中回忆起那些奇幻的童话剧情。因此迪士尼乐园酒店主打的营销亮点就是精致打造、惊喜无处不在，让游客对乐园周围的一切事物都充满了好奇，留心发觉身边的小彩蛋。

2. 抖音第一个爆款景点：重庆洪崖洞

营销背景：重庆洪崖洞民俗风貌区北临嘉陵江，南接解放碑沧白路，区域沿江全长约 600 米，商业建筑总面积逾 60 000 平方米，以最具巴渝传统建筑特色的"吊脚楼"风貌为主体，依山就势，通过分层筑台、吊脚、错叠、临崖等山地建筑手法，集合了餐饮、娱乐、休闲、保健、酒店和特色文化购物六大业态，形成了别具一格的"立体式空中步行街"，是重庆最具层次与质感的城市景区商业中心。它在抖音上走红之前，仅仅是当地的一个知名旅游景点，在全国范围内并没有太大的名气。

营销历程：洪崖洞的走红与重庆的"山城"特点必不可分，在洪崖洞火爆之前，重庆这座拥有巨大海拔差的城市凭借着纵横交错的复杂交通网、楼顶上的公路、楼宇间穿行的轻轨已经成为一座游客眼中的魔幻之都。而洪崖洞由于外形与著名影视作品《千与千寻》中汤婆婆的"洗浴中心"很像，建筑造型魔幻，吸引了众多抖友拍摄。一经抖音站内传播，景点访客的人潮便一发不可收拾，洪崖洞人满为患，抖音视频内容层出不穷，让重庆晋升为抖音首个网红城市。

产品解构：作为重庆这座山城的地标性建筑物，洪崖洞可谓集重庆山城的特点于一身。依山而建的建筑形式、丰富多样的美食小吃、缓慢的享受型的生活节奏,都在洪崖洞这个集合体中体现了。而洪崖洞对面的崭新写字楼群,也和充满传统特色的洪崖洞形成了鲜明对比,体现了重庆在经济发展进程中兼顾传统、兼容并包的城市气质。且建筑整体造型与《千与千寻》中的魔幻建筑造型相似,让游客看到一座复刻的魔城,吸引力十足。

营销亮点:《千与千寻》的建筑还原、重庆城市旅游。

首先,洪崖洞本身主打《千与千寻》的建筑还原,依托宫崎骏作品的大 IP 流量,迅速吸引 90 后抖友们到现场游玩。其次,洪崖洞的成功营销与重庆这座城市成功的营销宣传是紧密相关的,重庆号称建在山上的城市,由于巨大的城市高度差,重庆拥有许多不可思议的城市设计,让整座城市的格调都尽显魔幻,令来自平原城市的网友们向往不已。而洪崖洞作为重庆的一大标志建筑,与其他景点一同形成重庆旅游的景点套餐,吸引着无数游客到访一睹风采。

3. "天空之镜":梦幻拍照之地

营销背景:乌尤尼盐沼位于玻利维亚波托西省西部高原内,是世界上最大的盐层覆盖的荒原,每年冬季湖水干涸,留下一层以盐为主的矿物质硬壳,中部达 6 米厚。人们可以驾车驶过湖面。尤其是在雨后,湖面像镜子一样,清楚地反射着天空的景色,也就是传说中的"天空之镜"。茶卡盐湖则被称为中国版的"天空之镜",是位于青海省乌兰县茶卡镇的天然结晶盐湖,与塔尔寺、青海湖、孟达天池齐名,是"青海四大景"之一,被国家旅游地理杂志评为"人一生必去的55个地方"之一。

营销历程:风景优美的景点总会给人带来拍照留影的冲动,尤其在相机和手机摄像技术越来越先进的现代,很多人考虑旅游目的地时总会把是否适合拍照列入考虑范围。"天空之镜"在抖音的走红恰好证明了这一点。抖音"天空之镜"的火热起源于不少旅游达人分享乌尤尼盐湖的精美视频,壮观震撼的景色让看到的用户赞叹之余,也纷纷找出位于青海的中国版"天空之镜"——茶卡盐湖,同样美丽的景色,相对低廉的交通成本、门票和较近的距离让众多游客将茶卡盐湖列为国内观光的打卡圣地。

产品解构：无论是国外的乌尤尼盐沼,还是青海的茶卡盐湖,"天空之镜"最吸引人的地方在于湖面清晰的倒影,可以由此延伸拍摄很多有趣或惊艳的作品。这也是由两个盐湖所在的地理环境和形态决定的,地理环境决定了盐湖有盐沉淀累积,使得湖水透亮不浑浊;湖底浅盘一样的形态也保证了水浅不易起波浪,足够大的大面积浅水和高原高透明度的空气让倒映中的天空和人物无比清晰,水天一线,十分适合拍摄。很多旅游达人的示范,再加上学习成本低、交通方便、跟风打卡的心态等因素让"天空之镜"在抖音彻底火了。

营销亮点："中国版天空之镜"。

青海茶卡盐湖"天空之镜"的走红，源自于玻利维亚乌尤尼盐湖带给人的美好印象和游客对于拍下精美视频/照片的期待。因为"原版"天空之镜路途遥远，精力财力花费较多，紧随其后出现的茶卡盐湖便以"中国版天空之镜"的名号吸引了众多国内游客的眼球，差不多的镜面成像，加上茶卡盐湖风景区本身并不逊色的原生态自然风光，使得茶卡盐湖迅速成为大家出游的打卡圣地。另外还有旅游团及当地的辅助宣传，也使得茶卡盐湖成了人们熟知的一大网红景点。

第5章

如何打造抖音大号？

百万粉丝级别的大号究竟是如何打造出来的？这是很多人关心的问题，也是很多想要在抖音上进行营销的品牌商想要了解的。接下来，我们就从三个维度来重点阐述如何打造抖音大号。

第1节　精准定位：找准核心价值

一、有人性：建立与用户的情感联系

想要不断吸引新粉，巩固老粉，建立紧密的情感联系是一个屡试不爽的方法。人类是情感动物，对于长期出现在生活中的人和事物都会产生一定的依赖性。

人格化账号是指根据自己产品的特性和调性，推断出在潜在粉丝心中的合理形象，从而通过内容细分出人格化性格。比如被粉丝们戏称为史上"最惨官抖"的支付宝官方抖音号，以支付宝员工口吻活用抖音效果展示工作日常，其中一条恶搞马云的"鬼畜"剪辑更让不少粉丝幸灾乐祸，很好地实现了与粉丝的互动。

人格化账号的手法可以使原本脸谱化的品牌或机构变成粉丝身边有血有肉的生活化形象。在抖音的大环境下，这种情感羁绊从用户和产出的视频内容相遇的那一刻开始培养，更加基础牢固，不易崩塌。

二、有个性："确认过眼神，我遇上对的人"

因为抖音视频的火爆，林俊杰的一首发布于2008年的《醉赤壁》莫名又火

5 CHAPTER 如何打造抖音大号？

了起来。抖音上很多一夜火爆的大号看似无迹可寻，但细细分析，还是能看出一些端倪。

抖音号一般都是个人号，在没有大量推广投入的情况下，靠的完全是作品对于粉丝的吸引力。如何从零到一，带动第一个粉丝入坑，最重要的就是"确认过眼神"——第一印象很多时候决定了粉丝的去留。做出自己的特色，精选内容和音乐，精心拍摄，形成自己的标签，在第一个瞬间抓住粉丝，是所有大号最基础的修养。

有了独具特色的标签，就相当于账号有了专属的皮肤，能让目标人群在茫茫视频流中一眼看到。这种情况在大主题、内容类似的情况下体现得尤为明显。

例如，同样是百万级别美食号主，"野食小哥"通过还原做菜的前期准备、制作和品尝，传递"食物得来不易，好好吃饭"的价值观；"办公室小野"突破厨房场景，利用办公室物品做菜，口号是："办公室不仅有KPI，还有诗和远方"；"李子柒"则是回归传统农家场景，身着布衣料理一蔬一食，以"世外桃源""回归自然"为标签，迎合了部分城市人渴望出走的心理。

这三个大号虽同为美食号主，但个人标签的差异化较大，风格显著，粉丝群体区分明显，能在很短的时间内靠各自的作品吸引大量关注。

三、有共性：没有主题的内容是散沙

当你打开抖音时，看到一条很有意思的吐槽视频，越看越对自己的胃口，于是你点了个赞，然后顺手点进了其主页——

A. 主页的所有作品都和吐槽相关，还分了系列的标签

B. 内容杂乱，号主唱歌、晒猫、吃饭……什么都拍

面对这两个情况，你会怎么选？我相信大部分人会选择立刻关注 A，果断退出 B。

为什么不同的内容会出现截然不同的结果？这体现了"定位"的重要性。没有主题的内容就像一盘散沙，你费尽心思做优质内容，没有一贯而终的线索串联其间，难得路过的粉丝最多只能像蜻蜓点水般贡献两三条评论，关注度和转化率极低。

例如，抖音号"王某某~"获赞 551 万个，但大部分赞来源于其中一条舞蹈夺冠视频，有 487 万个赞。除了这条视频，其他视频的产出定位不清晰，各种主题都有，粉丝增长也缓慢，现在仅有 13.6 万人。

同为舞蹈个人号，"舞者胡哥"获赞 474.9 万个，作品数量 42 个，专注街舞 B-boy 精彩瞬间为视频内容，更新稳定，个别作品超 100 万赞，粉丝增长稳定，已有 56 万人，主题统一的内容运营吸粉效果可见一斑。

有了主题，就相当于你的内容有了骨骼，对于好不容易在视频流中看到你的内容的粉丝而言，有定位的系列作品是一部源源不断的连续剧，引导着粉丝

完成"点赞－进主页－关注"的连贯动作。对于号主而言,吸引、留存一步到位的意义更大。

第 2 节　内容为王:"抖"也是一门艺术

在找到自己的定位后,接下来就是动用一切力量为内容服务。所谓百尺高楼,起于垒土,优质内容永远是吸引关注的第一前提。能够获得百万粉丝关注的抖音大号,其生产的视频内容必定是"品质优良"的。这里的"品质优良"并不单纯指视频的画质、拍摄专业性等,而是指在迎合用户观看习惯的前提下做出与主题、产品调性、特点相符的视频内容。

前文提到抖音的推荐算法,几乎杜绝了刷赞和刷评论的可能性,换句话说,推荐用户观看的视频完全是以内容质量为标准。优质的内容只要持续耕耘,让四个指标:点赞、评论、转发、完播达到一定的标准,抖音就会把它推到目标用户的视频流中。

接下来,我们就来分析一下,目前在抖音上,比较常见的打造优质内容的五种方式:

一、善用剪辑与抖音特效

抖音从最早开始便是以酷炫、年轻态的音乐和特效吸引来它的第一批粉丝的,整体风格比快手和同期的短视频软件更针对年轻人的爱好。善用抖音提供的特效,配以合适的音乐剪辑、转场、场景,可以制作出令人过目不忘的效果,让人记忆深刻。

例如,由抖音号主"SHUSU"制作的 15 秒配乐(原曲为"Antique Gucci")

节奏强劲，节点恰好，成了挥动毯子一秒化妆的经典配乐；"How To Love"则是手指舞的指定配乐；抖音号主"绝地求生"制作的"眨眼专属BGM_求关注"配乐也成了各路高颜值达人卖萌耍帅的眨眼视频的专属配乐。

选择音乐和特效的时候首先注意要产品属性和音乐的契合度，将各种节点与转折进行对应，很多时候能做到事半功倍。但随着越来越多的用户涌入抖音，音乐特效运用得炉火纯青的用户不在少数，如何脱颖而出，需要进一步根据内容调整、创新和更迭。

二、干货满满，引发用户模仿自发传播

所谓"干货满满"，指的是号主需要根据目标粉丝的需求去制作、发布直击痛点的内容。比如说主题为一个PPT技巧的号主，目标群体主体是对PPT感兴趣或日常需要运用PPT的小白，那么号主就需要尽可能在15秒内深入浅出讲解演练PPT技能，并且做到简单易懂，清晰明了，才能让粉丝有动力去实践和反

5 CHAPTER 如何打造抖音大号？

馈。而如果是搞笑段子，如何在15秒内不落俗套地讲清故事，铺垫转折、卡好音乐节点，就是优质视频内容的基础。在此基础上如何进一步凸显自己的特点，则是号主们需要不断测试和进行实践的。

三、创意取胜，以源源不断的创意吸引用户

抖音的传播性和低成本决定了它对于创意的高要求。我们经常看到，一夜爆红的原创创意视频隔天立刻就会有用户模仿，抱着自己的原创视频坐等圈粉显然并不科学，这就要求号主在自己擅长的领域保持源源不断的创造性。

号称"宇宙第一网红"的papi酱是一个经典例子，以不落俗套的搞笑短视频在微博发家的她，2018年1月在抖音的第一个作品虽然有广告嫌疑，但创意十足，仍然受到粉丝喜爱，首战便获得约77万个赞和约1.5万条评论的好成绩。在papi酱持续的创意内容攻势下，papi酱在抖音1年多的时间共发布198个作品，收获1.2亿个赞，引来粉丝3056.1万人，而且数量仍在不断上涨中。

四、打造视频的故事效果，让用户身临其境

内容产出除了不断保持创意，在故事内容上也要保持生活气息和合理性。如何让粉丝投入情感并产生同理心，要求号主们构思内容时要基于现实，高于现实。就像抖音的口号："记录美好生活"，内容太超脱现实或者太贴近现实都是几乎没有亮点的，当然对粉丝就没有吸引力。

而基于生活基础的经过升华的故事内容产出，例如搞笑段子（重庆话吐槽女朋友）、工作故事（日常调戏同事）、情侣问答、智力挑战（"赚了还是亏了100元"的经典问题）等，都可以让不同社会角色的人群在观看视频时自我代入，极大地调动了用户的参与性。

五、实时热点，有态度地"蹭"能事半功倍

实时热点是在某个时间段成功刷屏的内容，有可能是一个挑战、一个游戏、一段舞蹈。蹭热点的好处是可以更具有话题性和吸引眼球，也容易给粉丝留下印象。但蹭热点需要有态度、有选择地蹭，只有结合了内容调性，积极地产出才更加具有可挖掘的潜力，才能吸引更多流量。

第3节 运营维护：没有吃老本就能长久的"生意"

一、互动：呼应需求，引导反馈

运营维护最重要的就是粉丝的互动和维护，在一个优质内容推出后，聚集的每一个粉丝都是打造百万粉丝的基础。评论、点赞数和模仿都是了解粉丝需

求和评价内容质量的数据指标。用心经营的号主会在这些粉丝行为里不断矫正产出的内容、风格、路线,并不断更新迭代,以持续输出创意内容,对内巩固老粉忠诚度,对外获得更多曝光吸引新粉,形成良性的生态链条:优质内容产出 - 吸引评论点赞 - 增加曝光 - 获得更多评论点赞 - 关注 - 进一步增加曝光 - 获得关注。

1. 回复评论和私信,呼应粉丝需求

目前抖音互动的最主要阵地在视频的评论区。抖音的评论区,有一种独特的社区氛围。评论也是不同用户附加在视频内容之上的原创内容,很容易让抖友产生认同感和归属感,有时候价值甚至超越了内容本身。就好像我们在哔哩哔哩(bilibili)看到有意思的视频,总会忍不住打开弹幕,意图从有趣的评论里找到笑点和"梗",然后跟随模仿,哪怕只发一条"哈哈哈哈",也足以让观众暂时忘记孤独,产生参与感。在这个承载了用户情感的地方,粉丝的一条条评论其实就是对于抖音号主所生产"产品"的诸多意见,及时地回复会让粉丝感觉被尊重,带有个人特色的口吻也会进一步在粉丝内心塑造出号主有血有肉的形象,拉近距离。同时在评论区回复也会引发更多评论留言的出现,增加作品的曝光率。

例如,"戴晓琛"就比较注重评论区的运营。因为之前曾有一个作品是与甲方无休止互相逼问报价和预算,后来在评论区这也变成一个和粉丝互动的"梗",趣味十足。

除了评论区,私信也是一个和粉丝进行互动的区域。在私信区域出现的粉丝留言,除去垃圾信息,一般是粉丝针对号主本人的特定信息,体现了粉丝的真实想法。这就要求号主合理运用自己的人设形象,恰到好处、诚挚地回复粉丝。这不仅是一种互动,也是一种更加细致和真实的号主人物形象加强。

2. 结合生产内容,进一步引导互动反馈

除了评论和私信,号主也可以通过生成原创内容与粉丝互动。仍然以大号"戴晓琛"为例,他的粉丝因为视频内容经常给号主寄送礼物。"戴晓琛"针对这些礼物专门做了一期视频,在搞笑幽默的同时,也体现了对粉丝群体的重视,形成了良好的互动。

5 如何打造抖音大号？

话题挑战也是一种内容形式的互动。尤其在积累了一定数量的粉丝基础之后，号主如果想使粉丝黏性更强，联系更紧，发起与自己的内容主题相关的话题挑战是一种好方法。例如，百万级号主"吴佳煜"就不断通过发起话题挑战的形式与粉丝互动，在为自己的视频内容增添多元化素材的同时，也给粉丝提供了模仿和传播的渠道。

二、维护：粉丝导流，内容把控

1. 粉丝导流，通过其他平台增加曝光和引流

对于本来在其他平台比如微博、公众号等有粉丝基础的号主，可以通过一些方法将自己的忠实粉丝导流到抖音，这种方法常见于一些已成规模的大号和明星网红；而大本营在抖音的号主则可以尝试通过推送、发链接、转发至其他平台，再通过与其他平台大号互推的方式圈住抖音外的一批粉丝。这个方式也

可以通过粉丝进行，如果内容够优质，很多时候粉丝是可以帮助你在各个平台传播的主要力量，这个时候如何诱导、指引、帮助粉丝自发传播，需要号主根据内容进行调整。

2. 内容把控，对内容进行实时监控和调整

前文提到，在抖音上，内容是核心。要维护好抖音号，对内容的把控必不可少。

第一，号主必须清楚自己的定位和主题，在制作视频的时候，要把握好主题方向不跑偏，视频质量不下降，才能维护好原有粉丝。目前在抖音上有许多"一战成名"的号主，即凭借单支视频一夜爆红的号主，在成功吸收大量粉丝后，并没有持续地输出同样高质量的视频，对号内作品放任自由，直接进入了瓶颈期。

第二，对于广告在内容里占比的把握。在抖音现有的机制下，视频按性质可以分为两部分：无广告植入的纯内容和有广告植入的硬广或软广。对于用户而言，最想看到的当然是纯内容。对于号主来说，广告则是盈利的主要来源。如何把握两者的平衡，需要号主慎重选择合作的品牌方，尽量保持调性风格一致。广告的呈现形式也是关键，如果能将广告内容和原先的主题较好结合，不仅在观感上会使得用户易于接受，结合得巧妙的作品也能引发用户支持和讨论，对于号主、品牌方而言是双赢。

总而言之，要想打造抖音大号，内容是根本，定位是方向，运营是助力。在每个部分有的放矢，不断迭代，形成良性循环，何愁不会出现滚雪球式涨粉，终成百万级大号？

第 4 节　抖音大号资源去哪儿找？

任何一个抖音营销都离不开有创意的内容与承载内容的推广资源，接下来我们谈一谈抖音的资源要从哪里找。抖音资源主要指的是抖音的达人资源，他们是一群在抖音上拥有庞大粉丝量，且日常内容能以破万点赞量不断维持自身人气的内容生产者，他们在站内具有一定的影响力，能通过自己的视频内容对粉丝的消费习惯或生活方式产生影响。

一、抖音大号资源获取渠道

目前这些抖音达人的资源可以通过官商与民商两个渠道获取，官商即指今日头条官方的营销渠道，民商则是民间代理的渠道。

官商渠道达人资源是今日头条旗下抖音官方运营团队所扶持的头部网红，他们均参与了抖音的"IDOU 计划"，由抖音销售团队官方指定报价。据对抖音官方营销产品的调查，官方一般不会单独售卖达人资源，而是会捆绑一些曝光资源，如抖音创意贴纸、挑战赛、开屏广告等其他广告形式打包出售，因此营销价格往往偏贵，广告主只有围绕着抖音做整体的营销才更具性价比。

目前官方的达人渠道未开放统一的对外交易平台，广告主仅能通过找当地的今日头条销售渠道获取官商资源。而对内网红大号与抖音销售团队间采用的是互选模式，即销售团队会根据广告主的需求来匹配达人，再由达人决定要不要参与。

民商渠道达人资源可分为两种，一种是由今日头条官方授权代理商直接代理的部分官方扶持达人，另一种则是民间的网红代理，他们有的是自己公司扶持出一批抖音账号，也有的是与抖音达人一对一沟通后形成的私下合作。据悉，抖音官方对待达人，尤其是目前拥有粉丝数量比较多的达人，有非常严格的广告限制。也就是说，如果广告主通过非官方渠道和达人合作，广告植入又比较明显，将有非常大的可能性被官方限制。

二、抖音大号资源分类

截至2017年11月的官方数据显示，抖音平台孵化原生抖音达人超1 000名，参与"IDOU"计划的达人涵盖多个行业品类，产出内容各异，能满足多样化的营销需求。例如，以家庭日常为主的亲子达人、情侣达人、闺蜜组合、萌宠达人等，专注于细分领域的舞蹈达人、搞笑达人、运动达人、旅游达人、导购达人等，以及通过创意形式吸引用户的角色扮演达人、技术流达人、动画达人等。

达人资源很多，我们可以参考以下三个维度来选择适合营销需求的达人，达人的粉丝量，达人作品热度的持续性，达人产出内容与营销的结合度。根据今日头条公布的抖音达人合作说明，目前抖音达人按照粉丝量可分为S级至E级6个等级，其中破百万粉丝量的抖音账号是较为优质的账号，S级粉丝量为300万以上，A级粉丝量为200万~300万，B级粉丝量为100万~200万，其受众广泛，内容创意深受观众的喜爱，发布的内容也比较容易受到持续性的关注。而据调查显示，C级、D级、E级账号的粉丝量虽然在10万~100万之间，但是其粉丝的转化率并不高，往往粉丝是被单条热度视频吸引来，之后的作品缺少持续的关注度，点赞量与评论量远不及粉丝破百万的达人账号。

以下是抖音达人账号按照粉丝数量区分的等级标准，广告主在开展营销时，可以根据活动的实际情况选用不同影响力的达人资源。

达人等级	粉丝量级
S 级	300 万以上
A 级	200 万~300 万
B 级	100 万~200 万
C 级	50 万~100 万
D 级	30 万~50 万
E 级	10 万~30 万

达人账号的粉丝量并不一定就能准确地反映其内容的平均热度，正如上述提到的很多 C 级、D 级、E 级的抖音达人，虽然粉丝量破 10 万，但粉丝仅是由于个别几条爆点内容被吸引来，作品整体上缺少持续性的亮点与关注度，所以这些无法持续获得用户关注的达人账号并非优质的资源。

我们在选择达人资源时应综合考量这些账号的热度情况，除了达人粉丝量，以下三个指标可以作为考量依据。

① 作品点赞总量，可重点查看达人收获的点赞总量，达人收获的点赞总量越高，说明其内容受观众认可度越高。

② 作品平均点赞量，指达人收获的点赞总量除以所发布的作品总数得出的数值，通过这个指标可以客观地分析出达人作品的平均质量，了解作品整体的热度处于什么水平，进而能够推测出投放效果。

③ 点赞粉丝比，指的是达人收获的总点赞量与粉丝量之间的比值（点赞粉丝比 = 点赞总量 / 粉丝总量）。该指标可侧面反映出账号内容的点赞转化率，该比值越高说明作品创意越好，质量越高，吸引粉丝查看的能力越强；反之则说明粉丝对该账号的关注度很低，内容无法持续吸引观众查看。

一次好的抖音达人营销一定要做到达人输出内容与营销的深度结合，即达

抖音营销实战指南

人的创意风格与营销对象、营销主题相一致,观看达人作品的受众与目标产品、目标品牌的消费人群相一致,这样才能算得上是一次"对口"的优秀抖音营销。

在挑选达人时,我们需要充分考虑营销主体所处行业和应用情景:

若营销主体是旅游神器、旅游景点或出游装备,就应该寻找旅游达人,或者经常出游的空姐或粉丝量多的达人进行合作。

若营销主体是高科技类产品,就应该找技术流达人、搞笑达人等进行合作。

若营销主体是快消行业产品,可与动画达人、萌宠达人、夫妻组合等进行合作。

若营销主体是美妆护肤类产品,则可与美妆达人、护肤达人、情侣达人或是高颜值达人进行营销合作……

为此我们专门总结了20款达人类型:亲子达人、情侣达人、闺蜜组合、萌宠达人、舞蹈达人、音乐达人、娱乐明星达人、运动达人、二次元达人、其他技能达人、高颜值达人、搞笑达人、技术流达人、动画达人、演绎达人、采访达人、带货达人、美食达人、旅游达人、美妆达人。

附录

抖音营销的成功案例

抖音营销实战指南

通过前面几章的阐述，我们对于抖音是什么、抖音怎么玩、抖音上有哪些火爆产品、有哪些抖音大号资源以及网红店等有了一定的了解。为了更好地理解抖音营销究竟应该怎么做，是否有一些成功的方式、方法或轨迹可循，接下来我们将重点分析目前在抖音上比较成功的品牌营销案例。

一、寺库 × 抖音"给你全世界的美好"

1. 营销背景

寺库是一家从二手奢侈品起步的奢侈品交流平台，经过十年磨砺，公司已于 2017 年在纳斯达克成功上市，成为当前最大的奢侈品交流平台。2018 年，寺库在渠道布局、跨界合作、服务体验、金融消费、商业共享、文化传播等多领域实现了全方位品牌升级，从一家奢侈品电商平台蜕变为精品生活方式平台。本次寺库进驻抖音，正式对外推广实现完美蜕变的寺库及其品牌理念——"给你全世界的美好"。

附录 抖音营销的成功案例

2. 营销定位

寺库本次的营销意在升级后的品牌重塑,向新老用户传达新的品牌理念。当前,寺库已成功从一个奢侈品电商平台转型成为一个精品生活方式平台,其自身急需进行全新的品牌重塑,改变原有用户对寺库的认识,要将全新的品牌理念带给追求精致生活的大众用户。

可以说,本次寺库的转型升级,是一次对目标消费者的大扩充,从原来追求奢侈品的高端用户群体,转变为追求精致生活方式的中高端用户群体。而寺库希望重点拓展的精致生活用户群体恰好与抖音中位于一、二线城市,喜欢轻奢、精致人生的年轻消费者相吻合,因此寺库对于新用户的拓展选取了抖音作为其营销主战场。

2018年4月17日,寺库在召开的品牌升级战略发布会上正式启用全新的品牌口号"给你全世界的美好",意在为1 870万用户打造最具品质感的精品生活方式。本次抖音的挑战主体正是采用了这句口号,向新用户营销寺库的品牌理念,找到新定位下寺库的目标用户群。

3. 营销过程

2018年3月寺库在抖音平台开通蓝V官方账号,产出49条短视频内容与用户互动。4月17日,寺库抖音号针对当晚召开的品牌升级战略发布会,发布了晚会内容短视频,为发布会造势。同时,当晚顺势在抖音上线"寺库魔盒"创意贴纸,以寺库全新口号"给你全世界的美好"作为挑战话题,围绕创意贴纸发布首个挑战话题赛。

次日,抖音品牌号针对挑战赛设置了奢华奖励,并发布招募短视频,号召

抖音营销实战指南

站内抖友参与挑战获取丰富奖品；在站外微博，发布抖音挑战赛宣传广告，为活动造势导流。同日拥有285万粉丝的情侣达人"小安妮大太阳"、粉丝数超过430万的高颜值达人"大川"、粉丝数超过260万的高颜值达人"沙特阿拉白公主"在示范短视频的基础上围绕寺库魔盒贴纸纷纷发起挑战视频，拉开活动的帷幕，为抖友们提供了魔盒取物、换装、取人的多样玩法，激发抖友们不断创新。

在随后的4月19和20日，寺库抖音品牌号对#给你全世界的美好#话题下的优质视频进行转发，形成二次营销，既包括上述三位造势达人，也包括在参与过程中不断涌现的创意内容。在短短两天时间内吸引了破百万粉丝的技术达人，还有以"拍照自修室""安琪莉娜·王"为代表的数十名粉丝破万的达人模仿使用魔盒参与。

期间#给你全世界的美好#成为热门话题，无数用户在拍摄视频内容时添加该话题为话题添热度，使得这句口号在站内获得广泛传播。截至4月21日，

#给你全世界的美好#挑战赛已经吸引14.5万人参与挑战，成为目前抖音上参与人数最多的商业挑战赛。

4. 营销特点

① 围绕创意贴纸"寺库魔盒"展开挑战赛。寺库抖音营销最突出的特点是，整场抖音挑战赛都是围绕着"寺库魔盒"这款创意贴纸展开的，与必胜客等过去的营销案例不同，创意贴纸不再是一种单纯为了加强与用户互动的创意形式，而是直接将贴纸与主题挂钩，通过从前置贴纸"寺库魔盒"中拿出各式各样新奇的商品，来展现#给你全世界的美好#这一主题。无论是示范视频、参与规则，还是合作达人产出的短视频内容，都是围绕着这款黄色的魔盒展开，可以说正是由于这款贴纸创意的成功，才促使这场独特的贴纸挑战成为抖音目前最成功的挑战赛内容。

② "寺库魔盒"创意新颖，可玩性强。"寺库魔盒"是一款前置贴纸，是覆盖在用户录制内容上面的贴纸类型，其造型原型是寺库经典的黄盒子。该款贴纸的设定简单而且充满寓意，将经典的黄盒子定位为可以获得一切的神秘魔盒，这给了抖友们充分的发挥空间，创意精妙。因此抖友们纷纷利用神秘魔盒进行创新，有的通过魔盒变装，有的令魔盒中跳出名贵单品，有的利用魔盒大变活人，还有的将魔盒与游戏结合，拿出"吃鸡"游戏中的道具，又或是技术达人与特效结合取出月亮、小人国的小人等，内容千差万别。

再者，"寺库魔盒"这个创意与主题完美契合，利用从魔盒中取出物品这个动作，与标题中"给你全世界的美好"这个行为完美呼应，让用户从魔盒中取出美好的事物，这些事物可以是喜欢的奢侈品，可以是要好的朋友，可以是一身帅气的造型……种种创意展示让寺库魔盒的植入显得不突兀,做到了品牌的高质量植入。

③ 投入大,奖品丰厚。寺库此次的挑战赛,之所以能够吸引这么多人参与,还跟寺库此次的投入有关。寺库作为一个奢侈品交流平台,为参与挑战的抖友准备了丰富的奖品。点赞数1~3名奖励LV包一个;4~10名奖蒂芙尼饰品一个,11~20名奖励施华洛世奇项链一条。

寺库投入丰厚的奖品,大大激发了抖友参与的热情。这次史上"最土豪"的产品清单,也让大众消费者熟悉了寺库这个奢侈品交流平台,对寺库的平台定位有了更深刻的印象。

④ 寺库主题选取得当,跟抖音美好主题高度契合。寺库此次挑战赛,主题之所以叫#给你全世界的美好#,是因为寺库在2018年4月17日刚刚召开了一场品牌战略酒会,启用了全新的品牌口号"给你全世界的美好",英文口号为

"Devoted To You"。在品牌升级之后，寺库完成了一次全方位的蜕变，从奢侈品电商平台升级为精品生活方式平台。巧合的是，抖音短视频平台在3月也刚刚完成了品牌升级，正式启用全新的品牌口号"记录美好生活"。据了解，"美好计划"将作为抖音2018年的核心关键词，意在为用户营造更多的美好和幸福感。

而寺库此次的主题也围绕"美好"展开，既跟自己新的品牌定位一脉相承，也跟抖音平台的"记录美好生活"高度契合。正是因为主题契合，此次挑战赛才吸引了众多大号和抖友的自发参与。

5. 营销效果

据统计，本次挑战赛共计有超过14.5万人在抖音上传自己创作的#给你全世界的美好#主题视频，精准地击中了年轻用户的心智，用一个品牌标志性的黄盒子玩转了不一样的抖音营销，刷新了抖音挑战赛的用户参与数纪录，此前这个纪录是OPPO创下的12.4万。播放次数预计将破4亿纪录，其中超过95%的内容为用户原创。

6. 营销启示

1 挑战赛内容围绕单个创意点进行集中输出。寺库的抖音营销投入并不是所有广告主中投入最多的，但却是所有厂商的挑战中要求最明确且可玩性最强的一个，那就是让用户使用创意贴纸"寺库魔盒"创造创意内容。之前摩拜的挑战赛是让参与的用户做个"靠谱手"手势，十分限制用户的创意发挥，使得广告的植入性过强，容易形成一种为了做手势而做手势的感觉。但"寺库魔盒"的玩法很多，在与之合作的大流量达人中生成了多种类型的内容，包括变装、取物、找人……这些都为用户带来了多样化的启发，让用户更易上手。

另外在营销资源的分配上，寺库无论是做挑战赛还是请大流量的达人都是围绕着创意贴纸，其营销的核心是通过多种渠道吸引用户使用"寺库魔盒"，完成品牌的植入，并且让用户在参与挑战的过程中收获"给你全世界的美好"这句品牌标语。未来，我们可以在抖音的营销上更聚焦，动用营销的资源将用户引导到一个可玩的创意点上，可以是一首背景音乐、一款贴纸、一个物件或者是一句台词等，在这些标志性的物件中形成有效植入。

② 招募视频发布，与达人形成联动。与抖音达人合作是一种十分常见的抖音营销模式，然而过去很多的抖音达人参与挑战都是直接参与，缺少联动。寺库在发布示范视频的次日，在品牌号上一连发布三条招募视频，对活动宣传亮点进行再提炼"听说参加这个挑战赛不仅能拿 LV 包包，还能获得全世界的美好？"以此吸引抖友们积极参与。随后再请来抖音达人响应号召，壮大活动声势，形成一次完整的达人联动。

③ 达人示范视频应具有多样性。品牌商家发起挑战赛的第一条内容被称为示范视频，以告知用户如何参与活动。一般示范视频会有极强的目的性，其目的主要是教会用户如何参与，因此往往首条示范视频并不一定能很好地吸引用户，寺库本次挑战赛的首条示范视频也仅仅获得了 8 703 个点赞。

因此，为了吸引更多的用户参与，抖音达人的示范效应和创意玩法十分重要。本次活动第一批达人造势请来"小安妮大太阳"，其视频内容中展示了从魔盒取物、大变活人的创意玩法；而"大川"在视频中初次尝试变装，连续四套衣服的变换为用户带来新鲜感；"沙特阿拉白公主"初次尝试用魔盒化妆，如同

"任意门"般进行场景变换……三名达人的内容创新各不相同,都具有独到的创造性,既能够为用户带来参考,也能激发用户的创意。

二、必胜客 × 抖音 "DOU 黑大挑战"

1. 营销背景

在餐饮业蓬勃发展的当下,传统餐饮业的营销方法似乎已成套路。如何突破套路,另辟蹊径?联手时下最火的线上平台抖音是个不错的选择。2017 年 10 月,西式快餐业龙头品牌必胜客为宣传新品 WOW 烤肉黑比萨联手抖音打造了一场线上联动线下的"DOU 黑大挑战"营销活动。

2. 营销主题

必胜客此次活动宣传的新品"WOW 烤肉黑比萨",因为原材料添加了墨鱼汁,饼皮的颜色与以往常见的比萨截然不同,可以看作是必胜客对年轻群体所追崇的"酷炫""颠覆""态度"文化的一种理解。因此在此次合作中,必胜客通过众多前期网络调研后,没有选择传统的广告、微信或微博平台,而是联手拥有强大 90 后基础的新生平台抖音。在挑战上也从年轻人熟悉的风格入手,确定以"DOU 出黑,才够 WOW""DOU 黑大挑战"为主题。

3. 营销过程

2017 年 10 月 23 日,抖音上线一个主题为"DOU 出黑,才够 WOW"的挑战赛。参与形式为:选择音乐《Black Magic》,或使用任意黑色物体拍摄,就有机会赢取"黑 DOU 必胜之夜"狂欢派对的门票,与明星红人亲密接触。

同日,歌手"宋秉洋 BY"微博发布本次"DOU 黑大挑战"主题曲《Black

Magic》，随后必胜客官方转发造势，同时抖音大号"Hana大喵哥"、歌手宋秉洋等纷纷发布挑战视频，拉开了本次活动的帷幕。

经过5天抖音站内外的持续发酵，"DOU黑大挑战"的热度在粉丝汹涌的模仿参与热情下达到顶峰。

10月27日晚，当红歌星、时尚潮人和抖音红人们齐聚上海天宴秀场，一场以"黑DOU必胜之夜"为主题的时尚聚会在酷炫的灯光和动感的音乐中拉开序幕，也将必胜客的黑色魅力从线上燃至线下。

4. 营销特点

❶ 全渠道覆盖，多入口选择。除挑战赛外，必胜客还在抖音平台同步上线了App开屏广告、发现页、搜索页、站内消息等广告形式。在实现用户使用抖音进入挑战赛的全路径覆盖过程中，更全面曝光了必胜客的品牌形象和活动信息，进一步提升了挑战赛的参与热度和线下活动的关注度。

❷ 酷炫定制，加强参与。为了创造与年轻人更生动的交互体验，最大化地激发抖音用户的挑战热情和创作欲望，必胜客除了定制酷炫发光的动态贴纸道具外，还特别打造了必胜客全新虚拟概念店作为舞台，帮助创作者使内容更具吸引力。

必胜客定制黑黑黑系列贴纸

附录 抖音营销的成功案例

3️⃣ KOL引流，点燃UGC。挑战赛上线初期，为了让品牌主题在互动中得到完美诠释，抖音针对年轻人喜爱的"酷""帅""有趣"等关键词请来有"办公室黑暗料理"标签的"办公室小野"、有"搞笑情侣档"标签的"小安妮大太阳"、"小土豆"以及"酷炫舞蹈"标签的"Hana大喵哥"和"PowerJun"这5位活跃于美食、运动、舞蹈、搞笑等不同领域的抖音红人，率先使用专属背景音乐，运用必胜客定制的品牌墨镜帽子"黑黑黑系列"贴纸，"黑店"背景效果以及独特的转场效果，亲自示范录制挑战视频。

由于这几位抖音红人原本在抖音站外，比如微博微信平台也拥有数量庞大的粉丝群体，因此他们录制的趣味挑战视频转发到其他平台上后，也带来了十分可观的站外流量，为活动热度更添一把火。

事实证明红人自带的流量不容小觑，其中"小安妮大太阳"的视频获得350万播放量和4.2万点赞量，"办公室小野""小土豆""Hana大喵哥"和"PowerJun"创作的视频也分别收获了超过 240 万、223 万、190 万、174 万的播放量，掀起线上挑战热潮。

用户原创内容的力量也十分惊人。据统计，挑战赛上线之后已经收到超过 2.8 万视频投稿量，甚至不少抖音用户专门前往必胜客门店进行录制。在这些参与投稿的年轻人中，ID 为"曹阿茜""贝贝叔叔"等抖音用户的投稿视频备受喜爱，其中"曹阿茜"挑战视频的点赞数突破 1.1 万。

4️⃣ 利益刺激，引爆流量。必胜客此次设置了内容丰富的奖品。根据主题关联度和点赞数，依次送出 iPhone8 Plus1 台、Beats 耳机 1 副、必胜客优惠券 5 张、派对门票 30 张。

其中诱惑力较大的当属派对门票，因为当天晚会邀请了不少神秘嘉宾，30 张免费门票对到场的明星粉丝来说是不可错过的近距离接触偶像的机会，因此参与热情格外高涨，也为晚会烘托了气氛。

开奖时间也十分微妙。门票开奖时间在 10 月 26 日，在公布之前粉丝们都会维持高度的参与度和激情；而开奖日期为 11 月 1 日，这也确保了晚会过后粉

附录 抖音营销的成功案例

丝的持续关注度，以发挥活动余温。

"黑DOU必胜之夜"主题聚会活动当晚，歌手冯建宇、宋秉洋的歌曲和新生代实力演员嘉容的魅力舞蹈，使现场气氛迅速达到高潮。除了实力歌手，抖音红人"小土豆"与"小安妮大太阳"率领两支粉丝队伍拍摄创意抖音视频进行对战，活动当天就在抖音上获得超过3万的点赞量。当夜过后，无数带#黑DOU必胜之夜#标签的官拍、饭拍视频以及新闻稿从各个渠道流出，让活动余温久久不散，进一步扩大了活动影响力，深化了品牌形象。

5. 营销效果

据统计，本次活动共计超过2万人在抖音上传了自己创作的"DOU出黑，才够WOW"主题视频，播放次数破1亿纪录，其中超过90%的视频为用户提供。主题曲《Black Magic》在QQ音乐、网易云音乐等平台的播放量超过800万，且发布当天进入了微博新歌TOP榜。"黑DOU必胜之夜"主题晚会对战视频当天就在抖音上获得了破 3 万点赞量，现场创作的挑战赛视频有 32 个，共获得 500 万播放量。这场成功的主题活动最终在网上获得了 1 400 万 + 点击量。

6. 营销启示

① 定位精准，全力出击。品牌产品调性结合抖音精准话题，是一系列营销活动的基础。精准定位决定了主题口号、活动形式乃至细节的定制曲目、定制贴纸的产出。整体统一的个性形象，不仅可以迅速打开年轻人市场，快速地汇聚用户的行动或关注，占据话题中心，更能不断裂变，通过用户原创内容进行病毒式传播，打造现象级事件。

② 渠道全开，红人引流。一方面，通过在各类渠道的开屏广告、发现页、搜索页、站内消息等位置占据用户眼球，创造多选择入口，为活动造势，增加知名度、话题度和讨论度；另一方面，联手各大领域红人打造热度话题，站内站外发挥 KOL 影响力，深入线上多方位引流，引爆模仿参与高潮。

③ 深入线上，反哺线下。以完整有趣的定制线上线下活动贯穿始终。线上满足了年轻人表达自我、展现态度的潮酷需求，使品牌新品传播的效用最大化。将线上热度打包转移至线下联欢，利用明星效应进一步扩散活动影响力，极大地促进了品牌与目标用户的情感沟通，也在年轻人中形成了声量和口碑。

三、摩拜 × 抖音 "全球首款嘻哈音乐共享单车"

1. 营销背景

曾经，各个共享单车平台之间发生了持续的融资大战，价格补贴、海外圈

附录 APPENDIX　抖音营销的成功案例

地、跨界营销等动作十分引人关注，其中最夺人眼球的自然是摩拜与 ofo 两大巨头的对抗。继 ofo 与小黄人合作推出大眼萌小黄车之后，摩拜也不甘示弱，在 2017 年 9 月 5 日与抖音联手推出了嘻哈音乐共享单车。

2. 营销主题

从 2017 年 7 月开始，摩拜已经在进行品牌标识、口号升级，并在各种运营活动中，不断深化摩拜的品牌形象。

此次发布摩拜首款嘻哈主题音乐共享单车，单车上加装的碟片有播放音乐的功能，骑车的时候自带背景音乐，加上 VAVA 和艾福杰尼作为首席体验官的强势推荐，在《中国有嘻哈》热度高涨之时，摩拜和抖音的联手合作可以说是将即兴说唱融合得很棒了。

3. 营销过程

❶ 微博平台 + 微信公众号同步发布 MV 预热。2017 年 9 月 4 日，摩拜

mobike 服务号以及摩拜广州、摩拜北京等微信公众号在同一时间发布"首部摩拜嘻哈 MV 上线，VAVA 和艾福杰尼邀你 battle！"的文章，MV 中 VAVA 主力演出，以嘻哈摩拜、摩拜标识和橙色元素为背景，用说唱的形式演唱快节奏歌曲，歌词中"就是天生靠得住，摩拜女王的演出，天生靠得住，抖音灵感不重复"，提及抖音平台，除了有总决赛人气选手艾福杰尼的出镜，抖音达人"张欣尧"、"Boogie003"的身影也一晃而过，不少粉丝自发截屏形成传播，引爆了第一波热度。

文章还发布了和抖音一起打造的一支炫酷风格的对战游戏 H5，让粉丝提前体验嘻哈挑战，胜利者可以赢取摩拜免费月卡。在这款 H5 中，先是以 VAVA 和艾福杰尼的嘻哈视频为开头，接着以录音说唱指定内容的方式挑战 VAVA 和艾福杰尼，从而领取摩拜月卡。

附录 抖音营销的成功案例

文章最后,以文字方式提示和预告第二天 VAVA 和艾福杰尼还会和摩拜一起给大家带来更多惊喜。

② 线下发布全球首款嘻哈主题音乐共享车。2017 年 9 月 5 日,抖音官方微博"抖音短视频"与摩拜官方微博"摩拜单车 mobike"同时宣布发布全球首款嘻哈主题音乐共享单车,并发布了一系列特色的宣传文案海报。同时也借助一些微博和微信公众号的营销大号发布文章,并向粉丝发出参与抖音话题 # 我有靠谱手 # 的邀请,利用微博、微信公众号的热度,将粉丝引到抖音,参与短视频话题。

宣传海报：

3 抖音主场：发布#Battle靠谱手#话题挑战。2017年9月5日，抖音小助手发布摩拜×抖音#Battle靠谱手#挑战话题，打开抖音App，能够看到其页面广告和热门挑战区域，均为这次活动的热点推荐。出现"靠谱手"手势的抖音视频即可获得手机大奖的活动设置，更是引来不少抖音达人热情参与。

附录 抖音营销的成功案例

游戏规则：

抖音 × 摩拜联合发布嘻哈主题车，由嘻哈人气选手 VAVA、艾福杰尼出任首席体验官，在抖音上发起挑战！

参与方式：用"靠谱手"的手势（一只手挡脸的动作，源自嘻哈文化的 Dab 手势）、《天生靠得住》歌曲拍摄视频。

领摩拜月卡：进入首页，点击活动页面广告，即可领取。

赢手机大奖：按照点赞数、创意，评选出 10 名抖音达人，送出荣耀 V9 手机大奖。（开奖日期：9 月 15 日）

明星与抖音达人齐齐参与话题挑战。话题发布之后，摩拜抖音官方帐号"摩拜单车"马上发布 VAVA 拍摄的首部摩拜嘻哈 MV，参与视频话题。同时，作为摩拜的首席骑行官，VAVA 和艾福杰尼也在自己的抖音帐号参与话题，发布视频，引发粉丝关注。

紧接着，抖音达人"张欣尧""Boogie003""涛叔_"等粉丝量过百万的大号纷纷参与话题，以自己的嘻哈方式，发布了专属于他们的视频。

④ 微博与公众号持续引流粉丝到抖音。2017 年 9 月 6 日 12 点和 18 点，官方微博"摩拜单车 mobike"发布艾福杰尼和 VAVA 上传到抖音的 #天生靠得住# 挑战视频，视频最后说一句："靠得住的艾福杰尼/VAVA，在抖音等你来膜拜或比拼，come on！"继续引流粉丝至抖音参与视频话题，提高话题热度。

4. 营销效果

总共有 1 687 人参与"Battle 靠谱手"的挑战话题，在 2017 年 9 月抖音还没有那么火的阶段，有这样的数据已经不错了。VAVA 和艾福杰尼视频的总共点赞数为54.2万，评论数9 020条，转发量8 425次，而抖音达人"张欣尧""Boogie003""涛叔_"等大号总共点赞数38.1万，评论数6 685条，转发量4 252次，在抖音上大概有200万人看到了摩拜嘻哈音乐单车的营销活动。

摩拜利用"嘻哈+抖音背景音乐"的洗脑式营销，在2017年《中国有嘻哈》热度未消退的情况下，推出全球首款嘻哈音乐共享单车，使摩拜#天生靠得住#和年轻的品牌形象深入人心，增加了品牌信任度和认可度。

5. 营销亮点：

① 洗脑MV和背景音乐强调品牌口号。9月5日当天，摩拜与抖音共同公布了摩拜单车的嘻哈MV。其中，歌词不断强调"天生靠得住"和摩拜的"靠谱手"，形成洗脑式传播。同时，挑战中要求用户一定要使用"靠谱手"的手势、《天生靠得住》歌曲等元素，通过这种潜移默化的形式让粉丝接受摩拜"天生靠得住"的口号，增加品牌信任度和认知度。

② 话题+明星效应传递品牌形象。发布#Battle靠谱手#话题，通过摩拜嘻哈单车，展示会玩、会嗨的情感，实现年轻用户与单车产品的情感交互，而摩拜借抖音与嘻哈的定位，将产品年轻化的品牌形象灌输给用户，实现用户的情绪共鸣与参与感。摩拜还邀请了VAVA和艾福杰尼作为首席体验官，通过明星效应与嘻哈潮流双重结合的方式一起对战#我有靠谱手#，十分契合年轻群体的喜好。

③ 投放页面广告，更大程度引流。抖音本身有广告投放位，包括开屏广告，信息流广告等。而摩拜投放了信息流广告中的页面广告，让#Battle靠谱手#的话题挑战出现在话题首页。点击活动页面广告即可选择进入挑战赢取手机，

或者免费领取摩拜月卡的页面,这样也为抖音用户带来了更多摩拜的品牌传播以及月卡营销效应的传递,从而吸引到更多用户流量。

④ 线下推出嘻哈音乐共享单车,注重用户参与感。线上发起了抖音对战,而在线下,摩拜同步推出了可以播放音乐,而且车轮印上了抖音标识的嘻哈主题单车,引发一波"寻找摩拜嘻哈主题车"的狂潮,用户纷纷开始寻找嘻哈主题单车。

总的来说,摩拜以线上作为传播承载推广月卡,以"天生靠得住"和"靠谱手"作为传播话题,不管是明星效应还是抖音视频,都能够引发用户热情参与互动。这波传播,给年轻用户带来了与嘻哈潮流相关的全新体验。

6. 营销启示:

① 不同平台跨界营销引流。抖音目前作为一个单纯的分享视频平台,不能承载过多的文字内容,而且搜索功能暂不健全,粉丝较为分散,必须通过其他平台引流粉丝,并告诉粉丝正确的参与方式,比如在自己的品牌官方微博、

抖音营销实战指南

微信公众号等平台发布活动信息，告诉粉丝抖音话题挑战的名字，粉丝就可以直接搜索话题，拍视频参与活动。

❷ 线上引导粉丝到线下体验。如果是连锁店铺，或者是共享类产品，可以通过线上宣传，要求粉丝必须和指定的商品合影或者是到达指定的场景拍照，这样能够为店铺或者产品引流。例如，答案奶茶的火爆，是由于粉丝需要到线下实体店才能拍摄关于答案奶茶的视频，这就让人有寻找这家店的冲动；例如，嘻哈音乐单车，线上推广"嘻哈 MV+ 抖音"对战，通过明星带动话题性，而线下同步推出嘻哈音乐共享单车，注重用户参与感，虽然推出嘻哈主题的单车数量并不多，但成功地引发了用户的好奇心。找到的用户，也会拍照发布到自己的社交平台，声称"自己即兴说唱了"，既彰显了自我，又传播了品牌。

❸ 话题必须有趣、有创意，开放性大。品牌方选择抖音，是看中这个平台的目标群体是年轻人，是创意和想法的集聚地，希望抖友们能充分发挥自己天马行空的创意，以他们的想法吸引更多人关注话题，关注产品，从而使产品的影响力更大。所以，产品话题性一定要开放，让人能充分发挥其创意，如果限制太多，则粉丝能发挥的空间有限。另外，品牌方需要找到产品和抖音视频结合的契合点，从而强化品牌的宣传效果。

例如，摩拜新定义的"靠谱手"，来源于嘻哈舞蹈中的 Dab 舞。2016 年因嘻哈组合 Migos 的歌曲《Look at My Dab》和库里、詹姆斯等球星的模仿火遍全球。手势年轻潮流，既和嘻哈结合，又和摩拜的口号"天生靠得住"相对应，话题性强，非常有创意。

四、三星 × 抖音"我都是焦点"

1. 营销背景

2017年9月7日，三星盖乐世举办发布会，宣布盖乐世C8手机正式上市。C8是一款面向年轻人的拥有强大拍照功能的手机，包括可以先拍照后对焦、随时切换焦点、暗光拍摄不怕黑等炫酷功能。从发布会前3天开始，也就是9月4日，三星盖乐世已经开始以#中国有C哈##我都是焦点#话题在微博和抖音上与粉丝进行了非常多的福利活动和互动话题讨论，还力邀了《中国有嘻哈》节目中火爆的说唱选手Tizzy T、VAVA、艾福杰尼共同助力，开启了一系列的新品上市营销活动，宣传活动从9月4日一直持续到11月21日，共两个半月。

2. 营销过程

前期：以微博为主要宣传平台，发送福利。

9月4日，福利一：以#中国有C哈#话题发布微博，即有机会抢到发布会门票，为发布会预热。

9月7日，三星盖乐世C8嘻哈发布，强调C8是为中国年轻人设计的拥有强大双摄、自拍和摄影的随身利器，背景虚化，"你"才是焦点。

9月16日，抛出#我都是焦点#话题，提供粉丝讨论，为之后的MV主题做铺垫。

9月30日，《我都是焦点》嘻哈MV上线。

10月10日，福利二：上传《我都是焦点》MV中明星的焦点瞬间截屏，即可赢得战火限量版说唱歌手签名T恤。

中期：转战抖音，发起#我都是焦点#视频话题。

抖音营销实战指南

在微博宣传了一段时间后,他们开始转战抖音,10月11日,抖音官方微博"抖音短视频"发布了与三星盖乐世C8的共同话题微博,VAVA、Tizzy T、艾福杰尼发起对战挑战,并贴出视频挑战链接,引流粉丝到抖音参与视频话题。

我都是焦点 # 挑战内容:

抖音 × 三星盖乐世C8联合发起 # 我都是焦点 # 挑战赛。使用推荐音乐《我都是焦点》,跟随VAVA、Tizzy T、艾福杰尼一起玩转挑战!参与形式(三选一):

❶ 用肢体动作创意表达"C"造型。

❷ 对口型拍摄,尽情挥舞"中国有C哈"专属手势和贴纸。

❸ 根据歌词内容以创意拍摄手法展现C8功能优势(F1.7大光圈暗光拍摄,不惧黑,先拍照后对焦)。

附录 抖音营销的成功案例

10月21日,官方选出点赞排名前5且符合上述挑战规则的用户,送出5台新款三星盖乐世C8手机。

三星抖音官方账号"三星GALAXY盖乐世"也参与了这次挑战赛,发布了VAVA、Tizzy T、艾福杰尼一起说唱的那首主题曲《我都是焦点》视频,获赞2.1万,评论数767条。

抖音玩法

① 达人示范:为了强化三星盖乐世的强大拍摄功能,参与视频话题的抖友们必须根据歌词内容以创意拍摄手法展现C8功能优势。其实这次挑战的规则有一定的难度,所以他们邀请了摄影方面的抖音达人示范玩法,比如超酷的运镜smooth专家"夏沐淯光"、抖音TSG队长"薛老湿"等抖音达人,拍摄专属他们的视频,参与视频话题。同时该话题也吸引了其他拥有百万粉丝抖音达人的参与,比如"刘宇""杨子轩-"等抖音达人,他们带来的流量和关注量也不容小觑。

❷ 投放开屏广告与页面广告。三星盖乐世投放了开屏广告,用户打开抖音 App 时,即可看到 VAVA、Tizzy T、艾福杰尼关于三星盖乐世 C8 手机的海报,点击海报,即可进入 #我都是焦点# 话题主页。同时也投放了话题主页的页面广告,用户只要打开页面广告,即可跳转到链接所在页面。

开屏广告和页面广告

❸ 创建品牌视频贴纸,打造专属于 C8 手机的视频特点,给参与挑战的用户提供选择,丰富视频内容。

❹ 《我都是焦点》品牌音乐入库,共有 3 041 人使用。

附录 APPENDIX 抖音营销的成功案例

后期：微博发布"中国有C哈"话题，发布三大嘻哈明星纪录片。

在抖音吸收了一大波粉丝关注后，三星盖乐世又回归到微博，官方微博发起了#中国有C哈#话题，宣布艾福杰尼、VAVA、Tizzy T的嘻哈故事纪录片于2017年11月6日起陆续上线，同时加入手机广告。视频采用的是比较温情的网格，对于明星形象的塑造和三星盖乐世品牌都有一定的好处。纪录片的推广手段也是非常有效，最终话题的总阅读量2.1亿，讨论21.5万，话题粉丝1 542人。

3. 营销效果

本次话题关注度和用户参与度较高，一共有26 281人参与视频话题并发布作品。三星抖音官方账号"三星GALAXY盖乐世"发布的话题视频获得2.1万个点赞，评论数767条，还有574次转发。而抖音达人"夏沐湉光""薛老湿"

"刘宇"等抖音达人总共获得点赞量10.3万,评论数2 462条,转发量1 360,同时在抖音投放了开屏广告和页面广告,估计看到#我都是焦点#相关视频或者话题的抖友们会超过500万。

通过这次抖音活动,强化了C8手机#我都是焦点#的属性,引发用户对C8手机随时切换焦点、先拍照后对焦等强大的拍照功能产生好奇,激发了消费者的购买欲望。

4. 营销亮点

① 投放广告+明星IP效应相结合,引流速度更快。三星盖乐世在抖音广告投放中同时投入了开屏广告和话题页面广告,无论是从微博引流过来的抖友还是打开抖音App的抖友,都可以轻松看到视频话题,增强品牌记忆度,大大增加了话题曝光率,同时结合《中国有嘻哈》这个热点话题,还有凭借VAVA、Tizzy T、艾福杰尼等嘻哈明星的IP热度和营销力,视频话题的参与人数和热度不断提高,最终获得2.6万人参与视频话题拍摄的好成绩。

② 创建品牌视频贴纸,品牌音乐入库,视频更具品牌标记。抖友们可运用品牌贴纸丰富视频内容,让视频更有趣味,而且增加了品牌露出。而添加品牌音乐、说唱的表现形式+重复"我就是焦点"的歌词让人容易被音乐洗脑,从而让人把焦点的概念和三星盖乐世C8手机结合起来,产生拿着三星盖乐世C8手机,我就是全场的焦点的想法。

③ 抖音充当互动板块,注重与粉丝互动。早期三星盖乐世以微博为主战场,推出了自己的发布会和嘻哈明星拍摄的MV,还推出了不少的福利活动,但是微博粉丝的关注度和参与度都不高。后来转战抖音后,给了粉丝一个参与

#我都是焦点#话题的机会，让他们用视频的方式创意表达出他们所认为的"焦点"，亲自参与其中并产生互动，粉丝的关注度一下子就提高了，也提高了品牌的知名度和认可度。

5. 营销启示

1 平台结合，一定要充分利用所有资源。每个品牌都会有自己的微博、微信公众号，或者是合作的媒体，三星盖乐世C8手机上市，请了VAVA、Tizzy T、艾福杰尼等嘻哈明星来助力，这绝对是三星品牌营销的一次大动作，但是在微信公众号方面并没有看到任何宣传，还有抖音官方微博"抖音短视频"发出那个邀请用户参与"我都是焦点"话题微博时，"三星GALAXY盖乐世"官方微博也并没有转发，这就浪费了自己现有的宣传渠道，相信如果三星充分利用所有资源，"微博+微信公众号+合作媒体"同步推送活动，宣传效果一定会更加好。

2 后期送出奖品没有形成良好回馈。很多品牌商做营销推广活动时，全部精力都放在了前期宣传和活动后期执行中，却忽略了后期送出的奖品其实也很重要，它可以给整个活动再次宣传的机会。就像三星盖乐世手机在抖音话题活动结束后送出了10台盖乐世C8手机，其实不仅是送手机，还给予获奖者与明星见面的机会，创建新的话题，比如"与明星同步亲自见证三星盖乐世的强大功能"，然后让获奖者将他们体验手机功能的视频上传到抖音，作为又一个宣传活动的噱头。这样不仅送出去的奖品有价值有意义，也可以给整个宣传活动一个很好的收尾。

五、《这！就是街舞》× 抖音"爱抖爱尬舞"

1. 营销背景

2017 年可以被称为现象级综艺节目的，非《中国有嘻哈》莫属。曾经属于小众文化的嘻哈门类，首次以竞技选拔的方式呈现在了中国观众的面前，并掀起了一阵轰轰烈烈的说唱风。2018 年开年，"嘻哈文化"另一分支——街舞也被单独搬到了舞台上，《这！就是街舞》便是其中之一。《中国有嘻哈》的珠玉在前，《这！就是街舞》选择与抖音联手合作，将抖音元素植入整个节目，内容通过节目和抖音平台双向宣发，彼此促进。

2. 营销主题

《这！就是街舞》是一档街舞主题的网络综艺节目，在表达年轻一代喜爱的嘻哈文化所代表的"潮流""自由""态度"的同时，也体现了积极向上追逐梦想的正能量色彩。这一点恰好和以"记录美好生活"为口号，宣扬多姿多彩年轻态的抖音不谋而合。节目在以"街舞"为核心主题的基础上，不断在抖音产出相应内容，同时也和抖音原有的街舞主题素材结合，裂变产生子主题，为节目打造热度和话题。

3. 营销过程

2018 年 2 月，《这！就是街舞》节目组开通抖音蓝 V 官方账号，发布第一支预热街舞视频，由被誉为"街舞大神"的黄景行在有节目标识的背景下表演舞蹈，迅速在街舞达人圈引起轰动，大家纷纷

附录 APPENDIX　抖音营销的成功案例

猜测黄景行是否会参与比赛，此举引来众多关注。

紧接着节目组在抖音发布节目宣传片，正式为节目开播造势。在临近开播之际还陆续播放部分海选选手舞蹈表演的精彩节选，吸引用户关注节目开播信息。

2月24日，《这！就是街舞》在优酷平台独家正式开播，抖音随后放出四大明星队长的团体舞蹈秀，视频下部附注节目播出信息，引导抖音流量。

抖音上四位明星导师的团体舞蹈秀

随着节目的热播，节目官抖号将节目精彩片段、选手日常剪辑放出，进一步宣传节目内容。

随着比赛的进行，节目组全程在抖音公布40强、28强、20强选手晋级名单，以及相关晋级选手、落选选手赛后采访感言、抖音作品等。

选手晋级名单在抖音发布

4. 营销效果

《这！就是街舞》开播48小时，微博短视频的播放量就突破2亿，热搜值超过930万，节目相关关键词提及次数突破1 200万。3月11日，优酷《这！就是街舞》的3期总播放量迅速突破2.1亿大关。截至4月26日，《这！就是街舞》收视率已破10亿大关。

当时官方抖音号有108万粉丝，收获361.3万个点赞，169个作品中个别达到 10 万个点赞，其他多破万级，影响范围广泛。

官抖号发起挑战主题 # 这！就是街舞 # 并有万人参与，其中热度最高的短视频由抖友"桔森"发布，内容为拄着拐杖的老人和儿童在公园斗舞收获 1 278 万个赞，5.9 万条评论，转发次数超过 46.7 万，可谓现象级热门作品。

5. 营销亮点

① 热门网络综艺节目和热门平台的双赢合作，互增热度。《这！就是街舞》作为由优酷、天猫、微博、巨匠出品，联手灿星制作的街舞选拔类真人秀节目，一方面，在节目配置上绝对算是豪华阵容，明星导师确保了流量，专业舞者保障了节目质量。个人选拔、团队作战的表演方式和群舞对战的比赛形式也保证了节目的可看性。另一方面，抖音作为目前最具潜力和话题性的音乐短视频平台，本身也拥有相当庞大的粉丝基数。再加上已经赞助过《中国有嘻哈》《明星大侦探》等火爆综艺节目，口碑和传播度也有保障。"强势网络综艺节目 + 热门平台 = 强强联手"，能够将彼此的优势相互叠加，打造巨大流量话题。

② 紧跟节目热点及时发起相应挑战。随着赛程的推进，《这！就是街舞》节目组会根据节目亮点主动发起相应的挑战话题：# 这！就是街舞 ## 这就是街舞配音大赛 ## 街舞 swag## 街舞毛巾舞 #，宣传亮点之余强化和观众的互动，引发了讨论和模仿。

同时结合抖音当时的热门话题和挑战，将选手和节目信息融入热门视频中，多方面地做到了推广。

例如，人气选手"田一德"发布的 # 喵 喵 喵 # 挑战视频，另外还有"小安妮大太阳"发布的 #swag 午觉手势舞 ## 下个路口见 # 等话题，都是选手创作抖音视频的素材,恰到好处地与热门进行了结合,与粉丝形成了互动。

官抖发起的挑战用户参与度极高

在节目中,第三期全部选手一起跳抖音"Samsara"舞蹈热舞、抖音街舞红人"人间蛇男"杨建表演舞蹈震撼全场等经典事件也是《这!就是街舞》在节目中与抖音热点的结合,在节目引发了抖音用户的共鸣,拉拢了一部分抖音粉丝之余,也反过来引导观众去抖音平台,打通了线上节目和抖音的通道,促进了流量的流动和维系。

❸ 抖音全程融合输出输入,多平台交叠辅助。抖音以"特约赞助"的身份,全程和《这!就是街舞》融合。无论是主线赛程的实时同步,还是节目无孔不入的植入和特质花式字幕,甚至是整个节目的总体风格,都显示了节目和抖音的深度结合。

附录 APPENDIX 抖音营销的成功案例

抖音还充当起选手资料卡，在植入广告的同时，也介绍了选手的抖音ID，为抖音引流。

节目产出内容通过优酷等视频网站、新浪微博等平台进行传播，粉丝原创、自制、转发至全方面角落。相当于多平台资源为节目无限开放，传播范围更广，影响深度加强，打造了口碑级网络综艺现象。

6. 营销启示

① 综艺和平台应良性双向合作。《这！就是街舞》此次和抖音的合作展示了一个当下以及未来一段时间综艺节目和平台方合作的优秀案例。宣传时间跨度长，需要维持一段时间话题热度的节目，要把自己的资源和优势开放，与平台进行深度结合和发散，才能最大程度发挥优秀内容的影响力。节目收获关注和流量，平台收获口碑和话题，不断循环传播，达到双赢局面。

② 早期加强宣传，增加变现渠道。《这！就是街舞》节目于2018年2月24日开播，抖音官方账户2月26日才发布开播信息，在时间节点稍有延迟，前期宣传力度不大，并没有通过一些手段尝试增加热度，在早期造势方面稍有欠缺。

另外，随着节目的热播及决赛的临近，节目组可以结合抖音平台二级入口的逐步开放增加变现渠道，通过增设投票渠道或周边售卖实现创收和营销。

六、烈火如歌手游 × 抖音"迪丽热巴躲猫猫"

1. 营销背景

"烈火如歌手游"是根据2018年3月非常火爆的同名网剧衍生出的一款手游，4月18日正式全网上线，并且选用《烈火如歌》网剧的主演迪丽热巴出任明星代言人。《烈火如歌》网剧在3月火爆上映，凭借唯美细腻的中国风画风、高颜值的角色设定、精彩的原著剧情，迅速收获了大批90后女性观众粉丝。为此烈火如歌手游选择在抖音平台进行手游营销，旨在通过强互动的短视频内容收割数量庞大的网剧女性粉丝以及原著粉。2018年4月，"烈火如歌手游"在抖音创建蓝V认证品牌号，与代言人一同为手游造势宣传。

2. 营销定位

与一般的手机游戏相比，烈火如歌手游由于游戏主线剧情依托于小说、网剧原著设计，更具故事性，而且能够配合的影视素材较多，因此其抖音营销主要针对喜欢同名网剧，或喜欢网剧主演的迪丽热巴的粉丝受众进行营销。

本次抖音营销的思路就是围绕着明星代言人迪丽热巴展开的，通过迪丽热巴的明星效应号召更多的粉丝用户进行下载注册。其中手游为结合4月22日迪丽热巴亲临烈火如歌游戏，与游戏玩家们进行亲密互动的活动安排，确定"迪丽热巴躲猫猫"话题，将迪丽热巴参与游戏并由网友们全网寻找的过程比作躲猫猫，是一个话题性与植入性兼具的话题设置。

3. 营销过程

烈火如歌手游并未像其他大型品牌一样采用围绕一个挑战赛，聘请抖音达人参与的模式，而是选择以手游的品牌号为核心进行营销宣传。烈火如歌手游借着网剧完结的时点，在全网公布手游发布时间为4月17~18日。4月18日手游全网上线当日，抖音品牌号请来代言人迪丽热巴发布广告短视频，发起#迪丽热巴躲猫猫#挑战话题，引发粉丝用户参与，并植入4月22日迪丽热巴将亲临烈火如歌手游的活动信息，刺激用户尽快下载手游App与迪丽热巴

附录 抖音营销的成功案例

互动。

4月21日网剧中"玉自寒"的扮演者刘芮麟在话题#迪丽热巴躲猫猫#下，发布迪丽热巴同款内容维持话题热度，吸引更多观众加与，下载手游App参与22日的游戏活动。

在4月22日活动结束后，烈火如歌手游在抖音平台投放为期一周的信息流广告，据统计该款广告重点向女性用户投放，吸引新用户下载安装手游App。广告虽然是动画风视频，但是通过里面的人物角色能够十分容易地辨识出迪丽热巴的容貌，其广告内容依旧以网剧内容为基础进行铺展。

4. 营销特点

① 重点关注品牌号打造，以品牌号为核心。烈火如歌虽然是一款手游产品，但十分重视抖音品牌号的运营。在本次抖音营销中，与其他的广告主围绕着挑战赛进行营销所不同，烈火如歌手游主要是围绕着品牌号进行营销，依靠

自发话题和自生成内容来运营自己的品牌号粉丝圈。品牌号除了不断发布内容，也十分讲究营销的持续性，首先在22日前通过代言人主推迪丽热巴发布的话题挑战，随后通过抖音信息流广告从游戏内容层面吸引用户下载。

❷ 紧抓大IP聚焦明星效应。烈火如歌作为一款拥有大流量明星代言的手游，其营销策略也十分明确，几乎所有的营销内容都要与手游的代言人迪丽热巴产生关联。例如，在抖音品牌号形象设计上，烈火如歌手游选择迪丽热巴的照片作为品牌号头像，在信息流广告中虽然迪丽热巴本人并未出演，但是广告片中的动画女主角明显被设计成了迪丽热巴的样子。从品牌方短视频内容的评论区留言可以发现，用户的关注点更多是聚焦在代言人上，以代言人的明星效应引导粉丝关注手游。

5. 营销效果

截至2018年4月27日，"烈火如歌手游"抖音品牌号已经收获18.4万名粉丝，75.1万个用户点赞，是最早一批进驻抖音的手游品牌，也是当前抖音所有手游品牌中最为出色的品牌号之一。在4月首发期间，曾发起的#迪丽热巴躲猫猫#挑战共吸引来5 789位用户添加话题参与，示范视频吸引来16.1万人次点赞，842条评论留言，1 204次分享；期间发布的信息流广告共吸引5.7万人次点赞，1 624次转发，是目前宣传效果比较好的信息流广告。

6. 营销启示

❶ 手游品牌抖音号也能这么玩。面向年轻消费者的手机游戏品牌，是目前抖音上信息流广告的主要投放商。信息流广告虽然能直接进行链接导流，刺激用户下载，但是内容的互动性较差，故很多用户在面对这些手游的硬广时会

选择"不感兴趣",从而将这些信息流广告拒之门外。

烈火如歌手游给很多手游品牌做了一个很好的抖音营销案例示范,其十分注重品牌号的打造,所有的营销都是围绕着品牌号展开的,这也是"烈火如歌手游"能够在短时间获得和联想品牌号相近的账号热度的原因。

另外,如何挖掘和利用好明星代言人资源,也是很多手游需要重点考虑的问题。很多手游品牌虽没有迪丽热巴这样超大流量的明星资源,但是也请了明星代言。在明星资源的挖掘上可参考进行一些契合抖音属性的优化,比如明星的自生成内容,还有以明星视频发起的话题挑战,甚至是明星玩该款游戏的互动内容等,这些社交化的短视频内容或许能够比信息流广告更能打动年轻消费者。

❷ 手游品牌宣传,需更高效的内容转化。烈火如歌在营销互动上相较于其他手机游戏厂商具有很大的突破,但是其随后的营销内容,由于一直单一围绕代言人迪丽热巴的形象进行,因此让用户对这款手游的认知仅停留在"同名网剧衍生手游""迪丽热巴代言"这两个话题点上,没能将游戏的亮点剧情、亮点功能展现给用户。明星代言仅仅是吸引用户关注的噱头,用户是否参与到游戏中,其关键还是游戏自身的质量,因此高效的用户转化,必须要依靠亮点突出的营销内容才行,在营销过程中通过游戏的剧情、人设、体验打动用户才是根本。

七、荣耀 × 抖音"校园新唱将"

1. 营销背景

荣耀 × 抖音 # 校园新唱将 # 活动从 2017 年 9 月 18 日开始,到 2018 年 1

月 29 日结束，整个活动持续了 4 个多月，每月一场抖音挑战赛，总共四期，9 月 16 日上线第一期。每期比赛都会设置一个挑战主题，邀请两名明星站队，用户选择加入其中一组明星战队，拍摄演唱视频参与活动，在每期活动截止后统计参赛视频数多的一队即可获胜，胜利的战队中播放量较高的用户，还可以获得额外奖励。

华为荣耀作为本次大赛的总冠名，主要赞助了抖音视频话题奖品，同时也是线下高校挑战赛的总冠名。由于活动恰逢荣耀手机 V9 换代、V10 新机上市的阶段，所以荣耀此次的赞助手机由荣耀 V9 更新换代成荣耀 V10。

2. 营销过程

多重话题，选择明星战队 PK。在这次持续 4 个多月的 #校园新唱将# 视频话题活动中，华为荣耀在抖音连续推出了八个话题，分四次进行宣传。

9 月 18 日，以"搭讪表白"为主题，明星战队 pk 如下：

#我有一首搭讪神曲 a 队# 话题，带队明星：白举纲

#我有一首搭讪神曲 b 队# 话题，带队明星：宁桓宇

10 月 16 日，以"麦克风没……没电了"为主题，明星战队 pk 如下：

#麦克没电？现场表现# 话题，带队明星：艾力

#不唱歌照样闪耀全场# 话题，带队明星：金靖

11 月 13 日，以"魔法大战"为主题，明星战队 pk 如下：

#实力唱将变变变# 话题，带队明星：马丽

#唱什么变什么全"屏"实力# 话题，带队明星：任嘉伦

12 月 11 日，以 #没错，是本人了# 为主题，明星战队 pk 如下：

附录 抖音营销的成功案例

#诶？这不就是我吗#话题，带队明星：吴映洁

#没错，是本人了#话题，带队明星：符龙飞

节选部分话题内容：

10月：#不唱歌照样闪耀全场#话题，挑战内容：

"唱我最爱的一首歌，灯光、摄影都到位，观众们听歌就像听现场……我去！麦克风没电了！一介歌神不能毁在麦克风上，看我秀出才艺和荣耀9酷炫贴纸carry全场！"

12月：#诶？这不就是我吗#话题挑战内容：

"上天给了她卓越的唱功、智慧的大脑、敏锐的'大眼萌'、完美的线条曲线，于是她成为了大明星，可是低头看看，这些我和我的荣耀V10都有啊！2 000万AI变焦双摄，随手拍照变秀场海报，原来我就是superstar本star！"

12月：#没错，是本人了#话题，挑战内容：

"我有个小烦恼，每次去KTV，总被误会开了原唱，唱得太好就算了，连造型和动作都一模一样，荣耀V10的人脸识别解锁技术都认为是一个人，刷脸快速解锁！我能怎么办我也很忧伤，谁叫我是××本人！"

参与方式：拍摄原声唱歌视频

活动福利：点赞数前6且使用"荣耀AI识别"贴纸有机会获得荣耀V10手机、运动蓝牙耳机，手环等大礼！

① 在这次挑战中，荣耀还邀请了网络红人"办公室小野"拍摄了一段关于华为荣耀V10产品展示的视频上传到自己的抖音账号，全角度展示了华为荣耀的完美外形和强大的拍照功能，视频同时也参与了#没错，是本人了#话题

挑战并作为示范。最终视频点赞数为5.3万,评论760条,转发423次。

② 推出华为荣耀品牌贴纸供粉丝使用。结合抖音的人脸识别技术帮助华为荣耀展现了理念和产品,前景贴纸的使用丰富了用户的视频内容,让用户更加身临其境。

③ 品牌页面广告投放，广告投放精准人群，强化宣传效果以及话题的知名度和参与度。

④ 微博宣布#抖音校园新唱将#完美收官，推荐下一个活动#抖音看见音乐#原创音乐计划，为下一活动预热。

抖音短视频 V
1月29日 12:31 来自 秒拍网页版
喜大普奔！#抖音校园新唱将#完美收官~重点4>>抖音菌收割了好多人美歌靓的小哥哥小姐姐~还有鹿han、林JJ、周J伦客串？！ 腿脚慢的也别急，#抖音看见音乐#原创音乐计划ing！偷偷告诉你~做原创的人超酷！ 抖音短视频的秒拍视频

3. 营销效果

荣耀×抖音#校园新唱将#活动总共有八个视频话题供粉丝选择，八个话题总共参与人数为110 914人，其中参与话题的八位明星和网络红人发出的视频总共点赞量133.3万，评论数1.55万条，转发量6 635次。而这些话题

不只是明星和网络红人参与，一些抖音达人比如"小安妮大太阳""张欣尧""涛叔__""颖宝儿Sunny"等抖音达人也参与其中，抖音达人的示范效应也给视频话题带来很大的浏览量和参与量。

再加上线下到各高校举办#抖音新唱将#比赛活动，此次华为荣耀作为比赛的总冠名，也获得了不少的关注。荣耀×抖音这次活动邀请了很多大牌明星做宣传，几乎囊括了荣耀的所有目标群体，让品牌在线上线下渠道都获得不少的关注度，特别是在大学生群体里面打响了品牌知名度，同样与抖音的合作也营造了一个华为荣耀品牌年轻潮流的形象。

4. 营销亮点

1 持续发起多项话题并邀请热度明星示范。由于抖音#校园新唱将#活动的周期有4个多月，时间跨度较大，所以在每月一期的开始阶段都在抖音上推出了不同主题，相对应也推出了新颖的视频话题，而且每一个话题都请了不一样的明星进行推广和示范。

这样既保证了话题的多样性，也用明星的IP效应保证了话题的热度。而作为赞助商的华为荣耀，在第二期的时候加入了奖品赞助并获得总冠名资格，后期的宣传和活动其邀请的都是当期热度较火的明星，比如，马丽因《羞羞的铁拳》大火，又比如，《明星大侦探》的常驻嘉宾"鬼鬼"吴映洁。华为荣耀牵手当红明星，一方面可以收获其粉丝对荣耀的支持与好感，提升荣耀品牌和产品在年轻人群中的美誉度。

2 明星战队PK模式。在抖音上的玩法采取了类似《中国好声音》的明星战队PK方式。对于品牌来说，这样的参与方式加强了用户的互动感和归属感,用户可以自主选择自己的明星战队,为自己的战队吸引更多的人气和热度。这种竞技 pk 模式的挑战赛激发了抖友们的斗志,让抖友们更加上心,纷纷上传自己的一个甚至多个视频参与挑战,并邀请朋友为其点赞,还会为自己的明星战队的其他参赛选手不停点赞,形成了热烈的比赛氛围。

❸ 线上线下联动,相互引流。除了线上的抖音挑战赛,此次活动的线下挑战赛在全国 20 座城市,100 所高校内同步开展,这是荣耀和抖音又一次对年轻群体的拓展。同时也邀请了很多艺人在线下挑战赛进行演唱,比如王晰、许馨文、孔令奇等。而线下比赛的外展区同样气氛火热,抖音提供的拍照相框、轮播视频和各种小礼品让前来观看比赛的同学们流连忘返。学生们通过参与抽奖或是现场录制相应话题的抖音小视频,都可以领取到精美的礼品。整场活动线上与线下活动连环相扣,联系紧密,相互引流与宣传,效果和反响都非常好。

5. 营销启示

❶ 品牌商可以关注抖音活动,进行品牌宣传合作。华为荣耀看准了 #校园新唱将# 的营销机会,与抖音一起塑造年轻酷炫的品牌形象,提高自己在年轻人群体中的品牌知名度和认可度。其实这个方式很多品牌商都可以参考,接下来抖音一定还会推出很多类似的宣传活动,可以借势宣传。

比如后续的 #看见音乐计划#。"看见音乐计划"要寻找拥有原创能力的音乐人和能够影响华

语乐坛的原创歌曲，邀请了汪峰、陶喆、孔令奇作为本次大赛的评委，是一场关于音乐碰撞的盛会。而对于挑选出来的音乐人，抖音还会对其进行一系列资源扶持和包装，帮助他们成为具备全网影响力的偶像明星。但是需要注意的是，品牌在选择活动冠名或者赞助时，参与活动的受众必须和自己的品牌目标人群相符合，要不然赞助也是无效的。

② 不足：活动冠名只是作为品牌透出，缺乏定制内容和销售转化。抖音为"抖音校园新唱将"主办方，而华为荣耀品牌方仅作植入和透出，非定制，活动宣传效果有一定的局限性。这次活动没有制作开屏广告，一些宣传海报也没有华为荣耀的标识，在抖音 App 上，只提供了页面广告，用户点击页面进入内容看到华为荣耀的广告，但是也不能链接到商城或者直接跳转到购买渠道，所以对一些想引导客户购买或者是下载游戏 App 的品牌商来说，这种方式可能不适用。

八、好莱客 × 抖音"原态 Style"

1. 营销背景

在互联网营销火热的今天，长期专注于线下实体营销的家具品牌也开始尝试抖音这一新兴营销平台。好莱客作为一家始终坚持原创设计，以低醛环保的原态理念立本的定制家居品牌，在家具行业率先和抖音达成合作，展开了一场声势浩大的全民营销。

2. 营销主题

好莱客自创始以来一直主打低醛环保的原生态家居理念，在这个立足点上，早在2015年就协同红星美凯龙家居集团、北京新阳光慈善基金会、新浪、搜狐、网易、搜房、凤凰网等机构共同倡导发起"4.26世界无醛日"活动。2016年通过打造"按鼻子"动作及地球ICON精心设计无醛日代表形象"好地球"，通过一系列举措在用户印象中深化了品牌的环保、健康特性。

2018年作为好莱客"世界无醛日"的第四个年头，正式提出"为爱 选原态"口号，大胆启用时下最受年轻人喜爱的抖音短视频平台。本次在"4.26世界无醛日"来临之际，好莱客结合抖音营销，进一步以"低醛环保造就健康家居"为主题，通过标志性的"按鼻子"动作家加上"比心"动作表达，并专门定制主题曲《好莱客原态style》，以抖音号主身份发起"这就是原态style"话题挑战，结合线下品牌"世界无醛日"发布会活动。线上迅速打开抖音的年轻人群体，线下回馈吸引新老顾客，品牌形象远播。

3. 营销过程

2018年3月上旬，好莱客注册抖音官方蓝V账号"好莱客全屋定制"，发起挑战#大师有一颗想红的心#，为接下来正式活动热身，打好基础。各渠道官方账号陆续发出抖音挑战邀请预热文。

[好莱客]好莱客&抖音联手搞事情！一场年度最强跨界盛宴！

3月30日各门户网站陆续出现预热推文

4月上旬，好莱客账号在抖音发布抖音达人"Mr.three""Panadol雅哥"挑战倒计时宣传海报，开始为活动预热造势。

4月13日，好莱客官抖放出代言人Angelababy拍摄的短视频，正式发起

#这就是原态style# 挑战，参与者使用同款音乐及完成"按鼻子+比心"动作即为完成挑战。Angelababy 也在个人官方抖音号发布同款视频，引来粉丝 33 万点赞和 1 200 条评论，产生巨大话题量。

4月14日，好莱客官抖陆续放出抖音达人"Mr.three"和"Panadol 雅哥"使用的定制音乐，以好莱客线下门店为背景拍摄的热舞视频，号召粉丝参与模仿。

4月15日开始，好莱客全国数千家线下门店及经销商同时组队参与话题挑战，点燃挑战话题热度。在抖音挑战热火朝天的同时，好莱客各大官方账号也在微博、百家号等各大门户平台发布相关视频、通稿，全方面宣传活动内容，引发关注。

好莱客万人狂欢抖音盛宴，只等你一人赴约！

好莱客各大官方账号在各大门户平台发布相关宣传

4月22日，好莱客携手红星美凯龙、居然之家，以及今日头条、抖音、腾讯家居、搜狐家居、天猫等多家媒体，特邀18位明星空降西安、南京、东莞、呼和浩特、合肥、重庆等18座城市，出席好莱客无醛生活发布会，共同发布《2018中国家庭健康家居关注度报告》。

同时现场推出全屋升级7大套餐、399卧室升级原态、3 999多功能阳台空间等多种爆款产品及优惠政策，送出丰厚奖品，促进线下门店与顾客现场达成交易，冲击营销额。

4. 营销效果

挑战发起首日即4月13日中午，在上线不到半天的时间里，用户上传作品数已经破万，仅代言人 Angelababy 上传的单条作品，点击量已破15万。

截至活动结束,"这就是原态 style"抖音挑战赛产生创意视频 25 251 个,总播放量高达 5 738 万,点赞数 184 万,如莱客抖音官号新增粉丝 20 万,刮起原态挑战龙卷风。

4月22日,好莱客无醛生活发布会当天,优惠活动及爆款产品引发顾客抢购,现场签单突破线下季度营销额。

4月26日,即好莱客超级品牌日得到极大推广,品牌形象结合活动素材衍生大量官方数据及宣发稿件,再一次覆盖全网,反应甚佳。

5. 营销亮点

❶ 品牌形象高度体现,进一步打开消费市场。好莱客从企业自身"健康无醛家居,创造幸福生活"的经营理念出发,从三个维度全面诠释了好莱客原态定制的理念。

广度上,结合本次活力满满、积极正面的抖音挑战赛,以流量担当代言人打响第一枪,紧接着抖音达人首发模仿,辅以多平台宣传力度,成功引发了线上千万粉丝的模仿热情。

深度上,结合线下无醛发布会及明星共同倡导,强调宣传了健康家居的核心主题,为品牌形象做了极大提升,在行业内特色突出,独具一格。

热度上,发布会搭配各地现场优惠活动的举办,与线下核心用户群体的精准互动,最大限度地推广了好莱客倡导的理念,增加了营业额,进一步打开了本地消费者市场。

❷ 回归用户层面,全民参与意愿强。好莱客融合意为"拒绝甲醛"的按鼻子动作和"美好生活"的比心动作,配以动感定制音乐,简单又不失意义的

动作能帮助用户快速上手并打造属于自己的挑战视频。针对目标核心群体的丰厚奖品激励（爱家高端大礼包100份、好莱客家价值12 800元原态家具2套、iPhoneX 5台等）也提升了用户的参与热情。同时结合线下门店优惠计划和引导，大大提高了活动的参与度和知名度。

3 线上线下结合形成传播矩阵，相互反馈打通壁垒。本次活动的最大亮点在于好莱客结合原有近4 000家线下门店有序参与线上挑战，极大丰富了线上挑战的作品数和人气度。分布在全国各地的线下门店是强有力的传播宣传点，通过挑战视频在本地现场不断推广，直接连接线上平台和线下核心客户群体。

线下18个城市同时举办的无醛发布会也让线上活动的产出有了落脚点，各大高层携手明星发布环保倡议，推出新品爆款和让利政策，发布盛况和顾客抢购

现场形成抖音视频、新闻稿件等再反哺线上，提高了企业形象，顺利打通壁垒。

6. 营销启示

① 实体行业玩转营销需高度结合线下活动落脚点。实体行业因行业性质原因，线上营销还需和线下活动深度结合，以便将线上流量引流到线下渠道，进行有效转化和裂变。

② 推广宣传应扫清线下障碍，根据具体情况引导用户。企业推广线上大型活动应利用全渠道进行横扫式传播，最大范围铺设宣传，覆盖每一个角落的用户。线下门店响应线上活动时也可根据自身情况灵活变通，例如，拍摄视频可增加定位、增加附近浏览带来曝光概率。

九、OLAY×抖音"打造全民健面神器"

1. 营销背景

随着抖音对电商购物链接、推荐商品功能的逐步开放，抖音"带货"时代悄然到来。以往我们"种草"美妆护肤产品，从通过精致的TVC购买诱导到双微上美妆KOL的贴心指路，都离不开针对美妆效果的视觉呈现。而通过抖音短视频的形式进行呈现，无疑能更直观和真实地打动潜在用户。

2. 营销亮点

OLAY的抖音营销，一方面充分利用自身拥有的流量资源——明星代言人，通过明星代言人在社交平台上强大的粉丝号召力，为抖音上品牌宣传视频带来了不少流量并引发用户进行原创内容生产；另一方面也起用了海量的抖音美妆KOL进行广铺式"种草"。"粉丝流量"和"种草口碑"双管齐下，在抖音存储

附录 抖音营销的成功案例

了大量产品信息和品牌口碑,对新品发布和节点推广促销都起到了重要作用。

1 明星效应带动粉丝 UGC

从明星效应带动强大粉丝流量的角度来看,目前 OLAY 官方作品虽然仅有 10 条,但其中仅以代言人宋茜为主角拍摄的"不动刀小脸大眼操"宣传视频就获得了 26.8 万 + 点赞量。关键 tag# 不动刀小脸大眼操 # 除了在抖音上收获不少用户生产的原创内容,获得 591 万 + 点赞量之外,也为线上线下传播和种草提供了话题素材和切入点,使话题"小脸大眼操"在全网刷屏,成功科普了新品配套工具"小哑铃"和"原谅棒"的使用方法。

另外流量小生朱正廷、范丞丞等品牌大使参与的活动视频更是借由粉丝群体的自发传播,为品牌在垂直圈层扩大了宣传范围。

2 全"抖"种草打造口碑旋风

除了明星效应之外，OLAY 在抖音上的优质口碑还来源于其海量的 KOL、素人种草作品。搜索关键 tag#olay# 可以看到全网关于 OLAY 的视频集合，目前该 tag 已获赞 335 万+，并还在持续增长中。

观察其中大多数视频可以发现，OLAY 投放的 KOL 并不局限在美妆护肤方面，演绎达人、时尚潮人 KOL（例如潮流达人"博伦柯"、搞笑美妆达人"柴二狗的日记"等）等也在投放列表内。这样做的好处是除了攻占核心圈层视野，也能在不同垂直领域直达年轻的目标群体，铺垫声量。

3 用趣味生动的方式，让产品"抖"起来

用好玩、生动的方式展现产品的优势，让大家产生"OLAY 健面护肤也这么好玩"的心理感受，从而更好地抓住用户情绪，吸引用户对 OLAY "健面神器"的关注，也让黑科技炫酷、创意卖点更加深入人心。

同时，抖音的"草根感"能够带给用户较为强烈的真实感，不仅降低了受众对植入的不适感，还使受众对产品功能利益点产生了更多认同感，引流带货也是水到渠成的事情。

3. 营销启示

OLAY 的抖音营销案例可以说是知名品牌进入抖音战场的典型例子。在抖音之外，有声量的品牌往往由于早已固定的品牌调性不肯"放下身段"迎合抖音市场。但 OLAY 的例子很好地说明了在保有品牌调性的同时融入抖音的可能性。既合理利用了明星、粉丝资源保持品牌曝光和品牌定位，又借由各路 KOL 之手从接地气、亲近的角度去展示产品功效，实现了品牌传播和口碑打造的双赢。

附录 抖音营销的成功案例

十、欧莱雅 × 抖音"眼球时代'种草'新思路"

1. 营销背景

相对于短视频之外的平台,抖音无疑是最能满足当代年轻人表达欲望的平台。尤其是现在"全民美妆博主"的氛围下,人们非常乐意通过社交媒体交流关于美妆产品的方方面面,包括安利和吐槽,并展示高颜值的社交形象。

除此之外,抖音上海量的辅助工具和低门槛的演绎标准,几乎让每个人都能在抖音上找到适合自己的演绎风格,也促使大量勇于展现自我的年轻人跟随产出原创内容。抖音上的爆红段子、音乐、视频大多都是这样一炮而红。品牌在抖音上做口碑营销,也需要巧妙利用平台上的套路和玩法,欧莱雅在这方面的做法就可圈可点。

2. 营销亮点

1 开启挑战赛打造口碑声量,助力销售转化

"全民美妆博主"是当代年轻女性的一种潮流趋势,年轻一代愿意将美妆护肤用品跟网络平台上的朋友分享。由于这种形式相较于以往高大上的品牌 TVC 而言,大大拉进了与观众之间的距离,因此素人 KOL 应运而生。

消费者十分信任 KOL 的推荐,并且会追问护肤美妆产品型号,现在 KOL 出美妆视频也会把所用产品的清单附上。欧莱雅针对这种现象,将原本放在后面的产品清单提到前面,作为一个挑战赛活动,集合了 KOL 的 PGC 和素人的 UGC,让消费者通过这个 tag 关键词的使用量整体感受到产品的用户口碑,将产品在抖音上的口碑声量具象化。

目前欧莱雅已发起 11 个挑战活动，其中在春节期间推出的 # 召唤新年小猪宝 # 话题已播放了 8 021 万次，通过代言人李宇春的 TVC 视频和多位抖音红人的跟拍推广，以及新年氛围的挑战贴纸加持，春节期间产出海量用户原创内容，为欧莱雅新年礼盒的销售起到了重要的引流作用。

② 高颜值示范效果引导产出 UGC

除了 # 召唤新年小猪宝 #，另一个播放量高企的就是 # 欧莱雅小钢笔胡萝卜妆挑战赛 #tag，目前播放量已经达到 3 989 万次。通过高颜值红人示范带动和利益机制（获赞前 2 名送全套小钢笔限量包包）激励用户进行内容生产。软萌可爱、极具网红气质的美颜胡萝卜妆容贴纸基于现代女性喜欢使用萌系动态滤镜的洞察，天然具有爆红基因，引发了大量女性跟拍模仿，品牌 tag 和新品"小钢笔"唇釉借此自然而然地刷屏了。

3. 营销启示

作为快消品的美妆护肤类品牌，想在新兴平台快速摸索出适合自己品牌的一套品牌营销方法，就需要灵活地根据平台特性转变，为以往行之有效的营销方式注入全新元素。欧莱雅在抖音上营销做的风生水起，背后是对平台特性、人群和当下流行趋势的深刻洞察，恰到好处的结合，不仅可以了无痕迹地推广产品，更可以累计品牌声量，快速攻占消费者心智。

十一、美赞臣×抖音"精准洞察打造36亿流量"

1. 营销背景

作为一个人口大国，母婴行业在我国一直是个巨大的市场。随着二胎政策的颁布，市场规模呈现不断持续扩大的状态。而抖音作为一个新兴流量平台，传统的母婴品牌如何在抖音上打开话题并精准触达目标群体呢？美赞臣高达24亿流量的抖音营销案例值得我们参考。

2. 营销亮点

❶ 品牌强势曝光抓住首批核心用户

2018年8月，美赞臣在抖音举办#都怪宝宝太聪明#挑战赛，总播放数超24.6亿次，拥有超过19万用户参与，收获了2 400多万点赞、90多万评论和100多万次分享。

如此惊艳的流量究竟是如何达成的？美赞臣在挑战赛开始前的强势投放曝光是关键之一。为了让挑战赛与产品内容更快地触达更多目标用户，美赞臣充分利用了抖音超强的广告曝光能力，通过开屏、banner位、热搜、信息流等广告导流入口，切入用户观看路径，将抖音活跃用户流量引流到美赞臣品牌页，全线抢占活跃用户的注意力，吸引潜在客户关注。

广告投放期间，开屏与信息流总曝光超过5 700万次，获得300万点击量。全面联动的线上流量资源，给挑战赛与品牌主页都带来了极高的流量和关注度。美赞臣中国的抖音企业号同时增长2.4万粉丝，收获26万赞，实现了首批核心用户的积累和沉淀。

❷ 达人示范和素人爆款引发超级流量

为了进一步扩散挑战赛影响规模和声量，美赞臣邀请"小芊语"、"Amy赵轩莹"、"等等麻麻"、"丛尚小葱花"等多位萌娃抖音达人一同加入挑战赛。达人多城联动，示范视频和生活场景自然结合，迅速激发目标群体的模仿欲望和

附录 抖音营销的成功案例

创作激情,产生大量优秀的原创内容作品。同时,也轻松拉近品牌与用户间的距离,充分借势抖音的高日活用户群,加强了核心用户对品牌的接受度。

其中素人作品的一夜爆红更是鼓励了广大素人宝妈的拍摄热情。例如"曼珠沙华"的配音作品就因为逗趣内容和萌娃获得了281.4万点赞量,5.9万评论,22.4万转发量的瞩目成绩。

除了#都怪宝宝太聪明#挑战赛之外,美赞臣的另一个挑战赛#优秀宝宝真会玩#也效果惊人,斩获12.4亿次的播放量,11万参与人数。

玩法套路复制了之前的成功经验,联动"丁丁当当小宝贝""家有两宝""我叫小翔宝"等21位分布全国的抖音萌娃达人,覆盖超过1 621.8万粉丝,获得662.9万总播放量,引导宝妈产出原创内容效果卓越,最终斩获12.4亿次播放量。

3. 营销启示

美赞臣之所以能获得合计超 36 亿次流量的抖音营销效果，完全是基于对目标用户新生代年轻宝妈的精准洞察。先是为其量身打造抖音爆款内容玩法，满足她们晒可爱萌娃、展示才艺的表达欲望，然后在其中巧妙融入品牌信息，最终成功实现品牌与目标用户的精准沟通。此轮营销打法开启了抖音短视频精准营销的新路径，为日后抖音上的母婴营销提供了更多的想象空间。